아름답게 '떡상'하는 기술

＊ 떡상: 명사(신조어) 어떤 수치 등이 급격하게 오르는 것을 의미함

진정한 SNS 마케팅 교과서

누구도 알려주지 않았던

아름답게 '떡상'하는 기술

아오키 소우시 지음

박현지 옮김

온라인 마케팅의 전체 개념을
이해하고 전략적으로 승부하자!

"스스로 생각하기 귀찮다면서
대행사나 온라인 컨설턴트에게 맡기면
좋은 결과를 얻을 수 없습니다."

시작하며

신종 코로나바이러스가 세계에 퍼진 후, 온라인 마케팅 전략을 강화하는 일은 기업에 가장 중요한 과제가 되었습니다.

매출을 올리기 위해 회사 대표 본인이나 마케팅 담당자가 회사의 SNS를 성장시키고 집객(集客)을 노리는 움직임이 가속화되면서, 그 흐름은 자영업자나 프리랜서에게까지 퍼졌습니다.

하지만 혼자서 해 보아도 제대로 결과가 나지 않는 것이 유튜브나 SNS 세계다 보니, 사람들은 대부분 유튜브나 SNS의 운용 노하우(Knowhow)가 없어서 전문가에게 상담을 받으려 합니다.

상담을 받는 곳은 SNS 운용 대행사나 유튜브 채널 운용 대행사, 틱톡 계정 운용 대행사나 온라인 컨설턴트입니다. 운용 대행사 태반은 운용 대행이나 컨설팅 요금으로 월 200만~2,000만 원이나 되는 비용을 받습니다. 개인 컨설턴트에게 상담을 받더라도, 총 500만~2,000만 원 정도를 청구합니다. 물론 실적이 없는 사람에게 상담이나 의뢰를 하면 저렴하겠지만, 그것은 전문가라고 말할 수 없고 결과가 좋을 확률도 낮아집니다.

기업 대표는 장래 사업을 위한 투자라 믿고 이 예산을 지출합니다.
하지만 실제로 일어나는 일은 다음과 같습니다.

- 영상 조회수도 팔로워도 늘어나지 않습니다.
- 영상 조회수가 늘어나더라도, 회사가 브랜딩하고 싶은 방향성과 완전히 다른 방향의 영상 기획을 제안합니다.
- 조회수와 팔로워가 늘어나도, 집객으로 전혀 이어지지 않습니다.

이런 결과뿐입니다. 안타깝게도 기대한 결과가 나지 않는 경우가 대부분입니다. 이 상황에 빠져 버리면 타개할 수가 없습니다.

그래서 제가 유튜브나 틱톡, 인스타그램에서 브랜딩을 충실히 실현하면서 인지도를 올리고 고객을 모으는 일을 실현한 유일무이하게 아름다운 온라인 마케팅 노하우를 여과 없이 공개하려 합니다.

세상에는 많은 온라인 마케팅 책이 존재하지만, 대부분이 운용 노하우의 일부만 설명한 단편적인 내용을 담고 있습니다.

유튜브에 관한 책, 틱톡에 관한 책, 인스타그램에 관한 책, 트위터에 관한 책, SEO에 관한 책, 글쓰기에 관한 책 등 모두 숲이 아니라 나무를 설명하고 있습니다.

이 책을 읽으면, 온라인 마케팅의 올바른 전체적인 전략을 처음부터 파악할 수 있습니다. 숲을 이해해야만 비로소 나무의 상세한 정보가 도움이 됩니다.

올바른 전략을 파악해야 목적을 달성하도록 '떡상'을 만들어낼 수 있습니다.

올바른 전략을 이해하고 만들어 낸 뒤 온라인 마케팅의 전체적인 개념을 제대로 가르쳐 주는 책은 거의 없습니다. 전체적인 개념을 이야기하려면 모든 것에 정통해서 지속적으로 결과를 내고 있어야 합니다. 반면 전체적인 개념을 이해하지 않고는 올바른 전략을 세울 수 없습니다.

이 책을 읽고 나서 다양한 온라인 마케팅에 관한 책을 읽으면, 더욱 성공률이 높아질 겁니다.

꼭 당신의 비즈니스를 '아름답게 떡상'으로 만들어서 성공하기 바랍니다.

저자 아오키 소우시

차례

제2장

온라인 마케팅에서
인지도를 쌓는 법 ～유튜브 편～ ——————— 55

제**3**장

온라인 마케팅에서
인지도를 쌓는 법 ~유튜브 쇼츠·틱톡 편~ ——————— 85

제6장

비즈니스를 확대해
온라인 마케팅 시대를 이어가라

제1장

아름답게 '떡상' =
목적을 달성하는
온라인 마케팅

디지털 시대를 이겨낸, 성공을 계속 이어가는 온라인 마케팅

먼저 저자인 제가 실제로 연출한 사례를 소개하겠습니다. 제가 누군지 설명하기보다는 실적을 보여드려야 여러분이 이 책의 노하우로 정말 결과를 낼 수 있다고 믿을 수 있을 겁니다.

◆ 가츠 도모미 -VICTORY CHANNEL-

주식회사 muse 대표이사 가츠 도모미

맞춤형 정장 'Re.muse' 브랜드를 보유한 회사.

유튜브 채널 구독자 수 44.8만 명(2023년 6월 기준)

2020년, 가츠 도모미 대표는 코로나 때문에 매출이 감소하자 온라인 마케팅을 강화하는 것이 사업의 과제라고 생각했습니다.

가츠 도모미 대표는 제공하는 'Re.muse'라는 브랜드의 맞춤형 정장은 일본의 테일러업계 최초로 세계 4대 컬렉션 중 하나인 밀라노 컬렉션에 나갈 정도로 럭셔리(Luxury)한 브랜드로 인정받고 있었습니다. 다만 맞춤형 정장업계에서도 가격이 높은 편이며, 브랜드가 지닌 진정한 매력이나 가치가 제대로 고객에게 전해지지 않으면 좀처럼 판매하기 쉽지 않은 상품이기도 합니다.

저와 만나기 전부터 가츠 도모미 대표는 검색 엔진 최적화(SEO)나 SNS 광고 등 기본적인 온라인 마케팅은 진행하고 있었습니다. 다만 온라인 광고나 구글 검색에 잠시 노출되는 정도로는 가격에 걸맞은 정장의 매력을 전하기 어려웠습니다. 그래서 온라인으로 고객을 유치하는 것에 오랫동안 고전하고 있었습니다.

우리가 만난 것이 바로 그때였습니다. '제 회사에 부족한 온라인 마케팅 방안이 뭐라고 생각하시나요?'라고 가츠 도모미 대표는 직설적으로 물었고, 저는 '유튜브'라고 즉답했습니다.

그때부터 저와 가츠 도모미 대표는 함께 유튜브 채널을 구상하고, 2020년 11월 본격적으로 활동을 시작했습니다. 1년 후인 2021년에는 채널 구독자 수 30만 명, 2022년에는 틱톡 팔로워 20만 명을 달성했습니다. 2023년 현재는 구독자 수 50만 명을 눈앞에 두고 있습니다. 월산 순 시청자 수(콘텐츠를 시청한 추정 시청자 수)는 매월 200만 명 전후입니다. 가츠 도모미 대표는 현재 가장 인기 있는 여성 기업 대표로 그녀를 동경하는 젊은 여성이 넘쳐납니다.

유튜브를 계기로 인지도가 급상승하면서, 가츠 도모미 대표는 영상을 통해 브랜드의 매력을 다양한 각도에서 자유롭게 전달할 수 있게 되었습니다. 고객도 역대 최대를 달성했습니다. 직원을 채용할 때에도 훌륭한 사람들이 다수 지원해 주었습니다.

또한 'Re.muse'의 인지도를 올리는 데 성공한 결과, 브랜드가 지닌 가능성과 가치가 업계 관계자에게도 전해져, 테일러업계 최초로 파리컬렉션에 출전 오퍼를 받아 2023년 3월 파리컬렉션에서 성공적으로 패션쇼를 선보일 수 있었습니다.

그 외에도 저와 공동 운영하는 월정액 온라인 살롱에는 가츠 도모미 대표를 동경하는 사람들이 4천 명 넘게 모였습니다. 자기계발이나 창업을 원하는 많은 사람이 이곳에서 성장하고 있습니다. 또한 성장한 멤버가 목표 달성을 기념하거나 새롭게 도전하기 전 자신감을 얻기 위해 'Re.muse'의 정장을 사는 선순환이 일어나고 있습니다.

유튜브 채널과 틱톡의 기획, 촬영, 편집, 그 후의 고객을 모집하는 전략 등 온라인 살롱의 기획과 구축과 운영, 이 모든 일을 가츠 도모미 대표와 이인삼각으로 2년 반 동안 실행했습니다.

◆ 나오코 선생 @치과의사

의료법인사단 Precious One 이사장

스루가다이치과 원장 미키 나오코

유튜브 채널 구독자 수 8만 명

틱톡 팔로워 수 8만 명(2023년 6월 기준)

미키 나오코 선생은 치과의 본질은 '사람들의 본래의 행복은 자신의 치아를 지키고 평생 자신의 치아로 식사를 하며, 구강 질환에서 오는 온

몸의 병을 물리치는 것'에 있다는 철학을 바탕으로 치과를 운영하고 있습니다. 본인의 철학을 지키기 위해 새로운 치과 의료 연구와 치아에 대한 세상의 이해도를 높이는 수단을 모색했습니다.

저는 미키 나오코 선생과 의논해, 가츠 도모미 대표의 성공 요인을 분석하고 그 결과를 그대로 응용했습니다. 치아에 대한 세상의 이해도를 높이고 미키 나오코 선생이 개발하고 검수한 훌륭한 치과 의료 서비스를 세상에 알리기 위해서 틱톡과 유튜브를 운영하면 좋겠다고 생각했습니다.

그 결과, 말도 안 되게 거대한 반향이 일었습니다. 2021년 11월 채널 개설 후, 불과 두 달 만에 틱톡 팔로워와 유튜브 채널 구독자 수가 동시에 3만 명을 돌파했습니다. 월 순 시청자 수도 곧 200만 명을 넘었습니다.

2023년 현재는 틱톡 팔로워 수 8만 명, 유튜브 구독자 수도 8만 명을 돌파했습니다. 치과업계 최고의 인기와 신뢰를 얻는 계정으로 성장하여 인기 방송 프로그램에서 출연 제의도 여러 번 받았습니다.

미키 나오코 선생의 콘텐츠를 통해 치아에 대해 흥미와 관심, 의식이 높아졌다는 목소리가 여기저기서 들려왔습니다. 또한 '내 이를 지키고 싶다' '미키 나오코 선생에게 진료받고 싶다'는 환자들이 병원에 많이 찾아와서 신규 환자는 반년 동안 대기해야 할 정도입니다.

또한 미키 나오코 선생이 추천한 칫솔이나 치약 등 구강 케어 상품을 판매하는 인터넷 쇼핑몰은 광고비를 들이지 않았는데도 첫 달부터 1억 원을 넘는 매출을 달성할 정도로 인기를 얻었습니다.

많은 사람이 영상을 보고, 공감하고, 감동할 수 있는 매체로 성장한 덕분에 많은 사람의 치아에 대한 고민을 해결하면서 이상적인 형태로 서비스를 제공할 수 있던 사례입니다.

◆ 미카코 @보디크리에이터
카노 미카코 MIKAKOKANOU주식회사 대표이사
하체 다이어트 전문 트레이너, 1년 만에 채널 구독자 수 20만 명 달성.

카노 미카코 대표는 가츠 도모미 대표와 제가 운영한 온라인 살롱에 참가하여 '온라인 마케팅 노하우 수업을 매일 들었더니 틱톡 팔로워가 3만 명이 되었다'며 이를 계기로 저에게 컨설팅을 의뢰했습니다. 그런데 실제로 콘텐츠를 샅샅이 살펴보니 제 예상보다 내용은 엉망진창이었습니다. 어떻게 성공했는지 감탄스러우면서도 그만큼 카노 미카코 대표가 지닌 개성과 잠재력이 높다고 느꼈습니다.

그때부터 다시금 제 노하우를 바탕으로 제대로 동영상 콘텐츠를 제작하도록 가르친 결과, 불과 한 달 반 만에 유튜브 채널 구독자 수가 1천 명에서 10만 명으로 늘었습니다.

처음에는 효고에 위치한 카노 미카코 대표의 피트니스센터에서 소소하게 사업을 운영했지만, 지금은 온라인을 중심으로 사업을 확장하여 독자적인 방식으로 온라인 다이어트 커뮤니티를 운영하고 있습니다.

◆ 기타가와 유스케

기타가와 유스케 주식회사 DIMENTIONING 대표이사

체형을 교정해 운동선수의 퍼포먼스를 끌어내는 몸의 전문가.

유튜브 채널 운영 시작부터 1년 후, 채널 구독자 수 1만 명·트위터 1만 팔로워를 달성.

프로야구선수가 몸을 교정하기 위해 오는 일본 최고의 체형 교정 스튜디오로 성장.

기타가와 유스케 대표는 사용할 수 없던 근육을 바로 꿰뚫어 보고, 독자적인 체형 교정 방식으로 그 근육을 사용할 수 있도록 조정하여 모든 분야에서 운동선수의 퍼포먼스를 최대치로 끌어내는 고도의 테크닉을 갖추고 있습니다.

하지만 인지도가 전혀 없었습니다.

저는 기타가와 유스케 대표의 테크닉을 세상에 알리고 비즈니스를 성공시키기 위헤, 유튜브를 사용하어 인지도를 올리자고 제안했습니다.

처음에는 채널의 방향성을 야구로 특화했습니다. 기타가와 유스케 대표는 학생 시절 야구를 경험했고, 유튜브 스포츠 분야에서 가장 시청자가 많은 운동이 야구였기 때문에 채널 브랜드를 명확하게 만들기 위해서였습니다.

처음 올린 영상은 기타가와 유스케 대표가 그 자리에서 딱 10분만 시술한 것만으로 투수의 구속을 향상하는 전후 비교 영상이었습니다. 이 기획은 첫 번째 영상부터 조회수 10만 회를 돌파했고, '야구 구속 향상'이라는 틈새시장에서 성공을 거뒀습니다.

그 후에도 순조롭게 조회수가 늘어났고, 불과 30개의 영상으로 채널 구독자가 1만 명에 도달했습니다.

게다가 이 동영상을 본 야구 선수가 실제로 교정을 받고 싶다고 점점 모여들어, '기타가와 유스케 대표가 몸을 교정해 주면 구속이 좋아진다' 라는 소문이 프로야구업계까지 퍼져나갔습니다.

그 결과, 야구 세계에서는 이례적으로 현재 드래프트 후보 선수 중 절반에 가까운 투수가 기타가와 유스케 대표의 지도를 받고 있습니다.

최근에는 대형 리그에서도 제의가 들어와서 미국으로 건너가 체형을 교정했습니다.

이 사례들은 제 실적의 아주 일부입니다. 사업에 SNS나 유튜브를 활용하고 싶은 사람이 이상형으로 꼽는 '브랜딩' '인지도' '고객을 모으는 일'을 모두 아름답게 실현하는 온라인 마케팅 노하우를 제대로 실천한 결과였습니다.

이 실적을 제시하면 '마케팅을 해 준 사람들이 원래 될성부른 나무였던 게 아니냐'라는 말을 듣기도 합니다. 하지만 실제로는 사람이 출연하지 않는 계정에서도 같은 결과를 내고 있습니다.

개인을 드러내지 않는 계정도 '떡상'을 만들 수 있다

개인을 드러내는 계정이란 '특정 사람다운' 개성이 있는 계정을 말합니다. 가장 간단한 예는 얼굴을 공개한 계정으로 게시자의 성별이나 용모, 스타일, 말투 등 그 사람의 특징이 나타난 계정입니다. 그 특징이 친근감으로 이어지면 '그 사람'에게 끌려서 팔로워가 되는 유저가 많아집니다.

하지만 오늘날 SNS에서는 꼭 개인을 드러낼 필요는 없습니다.

앞에서 유튜브와 틱톡을 사용한 사례를 소개했으니, 여기서는 인스타그램에서 얼굴을 드러내지 않고 성공을 거둔 실적을 소개하겠습니다.

◆ 마유미 @10살 동안

인스타그램 팔로워 수 11만 명(2023년 6월 기준)

이 계정은 2022년 11월 시작해, 1년 4개월 만에 팔로워 10만 명을 넘겼습니다. 팔로워의 90%는 여성이고, 연령층은 대부분 40~50대입니다. 또한 월순 사용자 도달범위(시청자 수)는 200만~230만 명, 가장 많을 때는 700만 명에 달합니다.

사실 이 계정은 우리 회사에서 여성으로 이루어진 팀을 만들어 운영하고 있습니다. 기획부터 피드 내용까지 모두 사내에서 정하고 있습니다.

이 계정은 당연하게도 '사람을 드러내지' 않습니다.

그리고 놀랍게도 운영팀 내에 미용 전문가가 1명도 없습니다.

이 계정은 앞으로 미용업계를 공략할 때, 회사 스스로 강력한 발신력이 있는 미용 미디어 매체를 인스타그램에 만들어 두겠다는 목적으로 제가 기획하여 운영팀에 노하우를 전달해 개설했습니다. 그래서 운영팀은 아무도 미용에 관한 전문 지식을 가지고 있지 않았습니다.

모두 온라인상에서 모인 정보를 바탕으로 '떡상'할 기획을 만들어낼 뿐입니다. 하지만 그것만으로도 '떡상'할 수 있습니다.

지금까지 소개한 실적은 모두 그 길의 '전문가'였지만, 솔직히 전문가가 아니라도 쉽게 '떡상'할 수 있습니다.

시청자는 이해하기 쉽고 유익한 정보이기만 하면 누가 올리든지 상관하지 않습니다.

오히려 사람이 드러나지 않아서 받아들이기 쉬운 경우도 있습니다. 특정 개인을 강조하는 계정이면 얼굴이 드러난 출연자의 외관이나 목소리에 대한 호불호가 정보를 받아들이는 데에 영향을 끼치기도 합니다. 아무리 전문성이 높더라도, 외관 등이 마음에 들지 않는다는 이유로 정보를 받아들일 때 저항감이 생기는 경우가 있습니다.

그래서 반대로 사람을 드러내지 않고 일러스트 캐릭터를 내세우는 쪽이 호불호가 발생하지 않아, 정보를 자연스레 받아들이기 쉬워지기도 합니다. '마유미 @10살 늙안 계성은 딱 이 패닌입니다.

실제 마케팅에서도 캐릭터를 준비해 목소리만 사용하거나, 캐릭터와 목소리 모두 따로 준비해 콘텐츠 감수만 받기도 합니다.

이건 인스타그램뿐만 아니라 유튜브, 틱톡, 트위터 등 모든 플랫폼에서 응용할 수 있는 방법입니다. 이 방법을 사용해 성공한 계정도 이미 많이 존재합니다. 사람을 드러내지 않고도 첫 번째 영상부터 100만 회가 넘는 조회수를 기록하는 신규 유튜브 채널도 흔하게 볼 수 있습니다.

또한 거기서 손님을 모아 매출을 올리는 일도 물론 가능합니다.

즉 제가 반복해 검증해 온 노하우를 활용하면, 누구라도 온라인 마케팅에 성공할 수 있습니다.

1

온라인에서 관심만 끄는 건 의미가 없다
목적을 달성하기 위한
온라인 마케팅

당신이 온라인 마케팅에 힘을 쏟는 목적은 무엇인가요?

매출을 늘리려고?
예비 고객의 문의를 늘리고 싶어서?
인지도를 올리려고?
브랜딩을 위해?
아니면, 앞에서 말한 모든 걸 이루고 싶어서인가요?

목적에 따라 수단도 달라집니다

오늘날 '온라인에서 떡상하는' 일은 어렵지 않습니다. 오히려 수단을 고를 필요가 없다면 쉬울 정도입니다.

온라인에서 '떡상'하는 방법을 공부한 적 없는 사람은 믿을 수 없겠지만, 정말로 그 일 자체는 간단합니다.

실제로 틱톡에서 인기스타가 된 중고생은 많습니다. 그 학생들이 복잡한 마케팅 지식을 가지고 있을 리도 없습니다.

중고생이 놀이의 감각으로 다른 사용자의 관심을 끌 수 있는 게 지금의 온라인 세계입니다.

그렇기 때문에 단순히 '떡상'하는 데 집중하는 게 아니라 목적에 따라 '떡상'으로 만들 방법을 달리해야만 합니다. 특히 비즈니스를 위해 온라인 마케팅을 활용한다면 더더욱 그렇습니다.

다양한 플랫폼에는 '떡상'이 되었지만, 목적이 명확하지 않아 아무 효과도 보지 못한 기업용 계정이 산처럼 쌓여 있습니다.

이 책을 읽는 여러분은 그렇지 않기를 바랍니다.

비즈니스에 성공하기 위해 온라인에서 관심을 끄는 방법과 일반인이 유명해지기 위해 온라인에서 관심을 끄는 방법은 다르다

일반인이 유명해지려면, 자신이 이상적이라 생각하는 경쟁 계정에서 인기를 얻은 콘텐츠를 골라 출연자나 대본, 구성, 동영상 편집, BGM을 모두 똑같이 따라 한 동영상을 만들기만 하면 됩니다. 그러면 쉽게 뜰 수 있습니다.

예를 들어 아름다운 여성이 유사 연애 콘텐츠로 떴다고 칩시다.

출연자 → 같은 타입의 미인을 준비한다

연애 주제 → 뜨고 있는 기획을 그대로 베낀다

대본 구성 → 뜨고 있는 연애 주제의 대본 구성을 베낀다

영상 편집 → 뜨고 있는 영상과 같은 감성으로 편집한다

BGM → 뜨고 있는 영상과 같은 BGM을 쓴다

이렇게 영상을 제작합니다. 즉, 완전히 베끼면 됩니다. 출연자만 다를 뿐이니 쉽게 인기를 끌 수 있습니다.

여러분이 알아 두어야 할 점은 세상에 있는 SNS·유튜브 대행사의 90%는 이 작업을 대행하고 있을 뿐이라는 겁니다.

인기 끄는 콘텐츠를 따라 하기 때문에 어느 정도 긍정적인 결과를 얻을 수 있는 것은 자명합니다.

하지만 이 방법으로 당신의 사업이 과연 성장할 수 있을까요?

경쟁사에서 인기를 끌고 있는 기획 콘텐츠를 조사하여 그대로 베껴 당신에게 기획이랍시고 제안하고, 경쟁사와 같은 감성으로 편집한 콘텐츠를 온라인에 올린다….

대행사에 의뢰하면 이 작업만으로도 매월 수백만 원이라는 비용을 청구받게 될테니 경영에도 영향을 끼치겠죠.

하지만 유감스럽게도 오늘날에는 이게 업계 표준이 되어 버렸습니다. 온라인 마케팅 업계의 실태입니다.

물론 무모하게 근거도 없이 계정을 운영하기보다는 이미 결괏값이 있는 운영을 하는 편이 더 타당하고, 아무것도 안 하는 것보다야 낫겠죠.

하지만 아름답지 않다면, 재미있지도 않습니다.

'떡상'하는 것뿐이라면, 누구든 할 수 있습니다.
하지만 그것만으로는 의미가 없습니다.

'떡상'한 뒤 목적을 달성할 수 있느냐가 중요합니다.
진정한 온라인 마케팅이란 목적을 달성하기 위한 브랜딩, 인지도, 고객을
모으는 일, 매출 구축을 총망라한 접근 방식 전반을 검토하는 일입니다.

2

온라인 마케팅의 출발점은
'누구에게 어떤 미래를 전달할 것인가?'

온라인 마케팅을 성공하기 위한 '콘셉트 설계'

온라인 마케팅이란 브랜딩, 인지도, 고객을 모으는 일, 매출 구축을 총 망라한 접근 방식 전반을 검토하는 일입니다.

최종 목표를 달성하기 위해, 이 접근 방식은 콘셉트 설계 → 인지도 → 팬 만들기 → 고객을 모으는 일 → 신뢰 구축 → 판매 → 반복이라는 일 곱 가지 프로세스로 세분화가 됩니다.

온라인 마케팅의 전체 프로세스

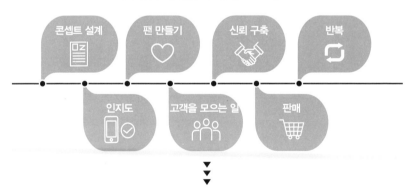

목표 : 영업하지 않아도 팔리는 상태

온라인 마케팅의 목표란 '영업하지 않아도 팔리는' 상태를 만드는 겁니다. 이 상태는 온라인 마케팅이 성공했다는 것을 의미합니다.

예를 들어, 애플에서 '새로운 아이폰이 나왔으니 사지 않으시겠어요?'라고 전화가 오는 일은 없습니다. 하지만 누구나 자발적으로 아이폰을 사러 갑니다.

아마존에서 '최근 주문이 적네요! 사러 오세요'라고 전화가 오는 일도 없습니다. 하지만 누구나 원할 때 물건을 삽니다.

이게 온라인 마케팅이 이룰 수 있는 최선의 상태입니다.

이 상태가 되기까지 넘어야 할 벽 중, 첫 번째 벽이 바로 콘셉트 설계입니다.

온라인 매체란 발신을 전세로 시작되기 때문에 발신할 콘텐츠의 콘셉트를 결정해야 합니다.

여기서 말하는 콘셉트란 무엇일까요?

바로 '누구에게 어떤 미래를 전달할 것인가?' 입니다.

사람은 자신의 미래를 좀더 좋게 만들기 위해 돈과 시간을 투자합니다.

여러분의 대다수는 자신이나 자신이 다루는 비즈니스의 인지도를 올리고 매출을 늘리고 싶을 겁니다. 그 수단 중 온라인 마케팅이 으뜸이라는 사실은 말할 필요도 없습니다.

인지도를 올리는 수단으로 온라인을 활용할 때 잊어서는 안 되는 점은 '온라인 콘텐츠를 보는' 일은 시청자인 유저가 시간을 써야 하는 행위라는 점입니다.

그래서 당신이 '누구에게 어떤 미래를 전달할 것인지'를 명확하게 설정해 콘텐츠를 제작하지 않으면, 시청자인 유저의 흥미를 끌 수 없습니다.

의미 있는 콘텐츠는 시청자인 유저가 '이 계정을 계속 보면 내가 원하는 미래를 손에 넣을 수 있겠어!'라고 생각하게 만듭니다.

그 뒤에는 '무료 정보만으로는 당신이 원하는 미래를 이루기 어려우니, 저희 상품이나 서비스를 통해 그 미래를 손에 넣을 수 있도록 도와드리겠습니다. 그러니 돈을 지불해 주세요'라고 유료 상품을 사게 만들어요. 온라인 마케팅의 수익화로 향하는 기본 흐름입니다.

즉 '누구에게 어떤 미래를 전달할 것인지'만 정해져 있다면, 온라인에서 '떡상'하는데도 고객을 모으는 일이 어렵다든가 매출이 오르지 않는 문제는 절대 일어나지 않습니다.

많은 고객이 '아오키 소우시 씨가 연출해 준 계정은 브랜딩, 모으는 고객 수, 그 후 매출로 이어지기까지, 모든 게 균형이 맞고 아름답다'라고 평해 주십니다.

제 연출이 브랜딩, 고객을 모으는 일, 매출까지 모든 것을 아름답게 실현할 수 있는 가장 큰 이유는 '누구에게 어떤 미래를 전달할 것인지'를 누구보다도 가장 많이 의식하고 콘셉트를 설정하기 때문입니다.

그 콘셉트에 공감한 시청자 유저가 자신의 이상을 손에 넣기 위해 높은 확률로 상품을 구입하기 때문입니다.

그러니 반드시 자기 자신에게 되물어 보십시오.

당신은 누구에게 어떤 미래를 전달하고 싶나요?

이 질문이 모든 일의 출발점입니다.

'누구에게' = 페르소나 설정

마케팅의 전문적인 표현을 빌리자면,

'누구에게' = '페르소나'

'어떤 미래를 전달할 것인지?' = '제공 가치'

입니다.

페르소나라는 단어는 경영학을 조금이라도 안다면 자주 들어보았을 말입니다. 하지만 실제로 이를 깊게 이해한 사람은 드뭅니다.

제가 정의하는 페르소나는 한마디로 자신이 도와주고 싶은 이상적인 인물상입니다.

페르소나를 정의하려면 다음 12가지 항목을 진지하게 생각해야 합니다.

마지막 항목인 고민과 과제를 100개 도출하는 일은 특히 중요합니다.

페르소나 정의를 위한 12가지 항목

1. 타깃 연령
2. 성별
3. 직업
4. 연봉·저축
5. 결혼 유무
6. 자녀 유무
7. 연애 유무
8. 성격
9. 취미
10. 성장 과정
11. 장래 목표
12. 현재 품고 있는 인생의 고민과 과제 100개

고민과 과제 100개를 생각해 내는 일은 매우 힘들지만, 그만큼 가치가 있습니다.

이 고민과 과제가 상대방이 이상적인 미래에 도달하는 데에 방해가 될 경우, 해결 방법이 그대로 콘텐츠가 될 가능성이 있기 때문입니다.

사람은 자신이 바라는 이상적인 미래를 손에 넣기 위해 돈과 시간을 씁니다. 그러니 먼저 가장 도와주고 싶은 이상적인 인물상이 어떤 고민이나 과제를 안고 있는지, 당사자가 되어 생각해 보십시오. 100개면 충분합니다. 이 작업은 매우 중요합니다.

다음 9가지 장르에 대해 각각 고민 10~15개를 생각하면 자연스레 고민 100개를 찾을 수 있습니다.

고민에 대한 9가지 장르 템플릿

☐ 금전 고민　　　　☐ 가족과의 인간관계 고민
☐ 일에 대한 고민　　☐ 건강에 대한 고민
☐ 연애 고민　　　　☐ 뷰티 고민
☐ 부부 관계 고민　　☐ 취미 고민
☐ 친구 관계 고민

자신의 상품이나 서비스에 관련된 고민뿐만 아니라, 페르소나의 인생에 바짝 다가가 전반적으로 고민을 이해하는 것을 가장 중요하게 여기고 실천해 주십시오.

사람은 일상생활에서 많은 고민을 품고 있지만, 평소에는 그 고민을 잊고 살아갑니다.

하지만 서비스를 제공하는 사람은 고객이 품은 잠재적인 고민을 전부 파악하도록 노력이 필요합니다.

그래야 상대는 잊고 있던 고민도 해결해 주는 세심한 서비스를 할 수 있게 됩니다. 그를 받아들인 상대가 '맞아! 이런 서비스가 필요했어!'라고 반응하면, 최고의 칭찬이 되겠죠. 그 방향을 지향해야 합니다.

예를 들어 당신이 지금부터 고급 술집을 개업한다고 칩시다.

아마 주요 고객층은 금전적 여유가 있는 40~60대 경영자나 투자가일 겁니다. 그들에게는 부인과 딸이 있는 경우가 많습니다.

회식하고 집에 돌아가면 딸이나 부인이 '아휴, 술 냄새'라고 핀잔줄 수도 있습니다. 가족을 위해 열심히 늦게까지 일을 했는데, 집에서 편안히 있지도 못하니 삶이 고단하다고 느낄 겁니다.

이 '술 냄새 핀잔'이라는 고민을 미리 파악해 두면, 냄새가 심하게 나지 않는 음식 재료나 요리법을 생각할 수 있습니다. 그리고 고객에게 '이 요리는 몸의 혈류를 좋게 하고 독소 배출 효과가 있어서 식사나 술을 마신 후에도 냄새가 나지 않아요'라고 안내한다면 '참 맘에 드는 술집이야. 역시 고급 술집답군'이라고 평가받을 수 있겠죠?

사소한 포인트가 다른 가게에 가지 않고 이 가게로 발을 옮기는 이유가 됩니다. 그러니 언뜻 자신의 서비스와 상관없어 보이는 고민이라도 100개가량 꾸준히 써 내려가면서 페르소나의 마음을 깊게 파악하는 게 중요합니다.

'어떤 미래를 전달할지'에 대한 생각이
독선적이진 않은가?

'누구에게 어떤 미래를 전달할지' 중 '누구에게'를 정했다면 다음은 '어떤 미래를 전달할지'를 생각해야 합니다.

이때 저지르기 쉬운 나쁜 예를 몇 가지 소개하겠습니다.

【나쁜 예】

• 중소기업의 경영자가 기운을 얻고 경영을 잘하는 미래를 전달하고 싶다.

• 40~50대 여성이 활력을 찾을 수 있는 정보로 밝은 미래를 전달하고 싶다.

• 고령자가 건강하게 오래 살 수 있는 미래를 전달하고 싶다.

언뜻 보기에는 잘 만든 콘셉트 같습니다. 이디가 잘못되있는지 바로 알 수 있으신가요?

답은 '너무 추상적'이라는 겁니다.

너무 추상적이고 막연해서 제공하고자 하는 가치를 이해하기 어려워졌습니다. '제공하고자 하는 가치를 이해하기 어렵다'라는 문제는 SNS나 유튜브를 제작하는 데 치명적입니다.

콘텐츠를 받아들이는 상대는 매일 엄청난 양의 정보를 접합니다.

그중에서 당신의 콘텐츠에 눈길이 머무는 시간은 고작 0.5~3초입니다.

즉 3초 안에 상대가 당신을 이상적인 미래로 향하는 데 도움이 되는 존재라고 인식하지 않는다면, 당신의 콘텐츠에 흥미를 느낄 일이 없다는 겁니다.

추상적인 제안은 전해지기 어렵습니다.

사람들의 눈길을 사로잡으려면 구체적인 제안이 더욱 효과적입니다.

〈좋은 예〉
- 중소기업의 경영자에게 절세·수익률이 높은 자산운용방법·자금조달방법을 제공해 장래 자산 때문에 불안하지 않은 미래를 제공한다.
- 40~50대 여성이 갱년기 고민에서 벗어나, 심신이 아름답고 건강한 미래를 제공한다.
- 고령자에게 큰 병을 막기 위한 예방의학에 관한 지식을 전달하고 실제 예방의학을 통해 건강하고 오래 살 수 있는 미래를 제공한다.

어떤가요?

꽤 구체적이지 않나요?

도와주고 싶은 '페르소나'에게 이 메시지를 3초 안에 어필할 수 있다면, 페르소나는 당신의 콘텐츠에 흥미를 느낄 겁니다.

'콘셉트가 정말로 수요가 있는지'를 확인한다

콘셉트를 설계할 때 빈번히 일어나는 일이, 당신은 도와주고 싶은데 세상 사람들은 뜻밖에도 그 도움에 흥미를 보이지 않는 겁니다.

예전부터 수천 명의 경영자나 자영업자가 콘텐츠를 제작할 때 조언을 해왔지만, 안타깝게도 그중 80% 이상이 사회적으로 수요가 없는 일을 수요가 있다고 착각해 콘텐츠를 제작하고 실패했습니다.

자신의 콘텐츠가 사회에서 수요가 있는지 없는지를 반드시 확인했으면 좋겠습니다. 어렵게 느껴질 수도 있지만, 유튜브를 활용해 진짜 수요를 매우 쉽게 확인할 수 있습니다. 다음 순서를 따라 해 보십시오.

〈콘셉트이 수요 확인〉

(1) 자신이 제작하고 싶은 내용과 유사한 내용을 제작하고 있는 유튜버를 유튜브에서 찾는다

(2) 그 유튜버의 동영상 탭에 들어가 '인기순' 버튼을 누른다

(3) 그 채널에서 높은 조회수를 자랑하는 영상의 제목과 섬네일을 확인한다

여기서 나온 정보를 정리하기만 해도, 어떤 내용이 특히 수요가 높은지 파악할 수 있습니다.

만약 제작하려는 내용과 비슷한 콘텐츠가 하나도 없다면, 그건 블루 오션이 아니라 수요가 없는 콘텐츠를 제작하려는 것일 수도 있다는 점을 아셔야 합니다.

유튜브가 보급된 지 벌써 10년이 넘었습니다. 내가 하려는 일은 '수요가 있다면 누군가 틀림없이 이미 하고 있을 것'이라는 전제를 깔고 생각합시다.

제공하려는 미래의 수요를
구체적인 숫자로 확인한다

다음으로 제공하려는 미래에 대해 어느 정도 수치적인 수요가 있는지, 선행자들의 콘텐츠 중에서 특히 어떤 내용의 영상에 시청자들이 높은 흥미를 보였는지를 조회수를 바탕으로 상세하게 확인하는 프로세스를 밟아 봅시다.

이 작업을 귀찮아하지 말고 실행하기만 해도 손쉽게 세상의 수요를 파악할 수 있습니다.

자신이 전달하려는 미래가 그 수요에 적합한지도 생각할 수 있습니다.

예를 들어 보겠습니다.

당신은 피부 관리실의 사장으로 고객을 모으기 위해 SNS나 유튜브를 활용하고 싶습니다.

주요 타깃은 40대 여성입니다. 콘셉트는 '40대 여성이 피부 관리를 받아 아름답고 젊어 보이는 미래'입니다.

그래서 당신은 당신의 피부 수기 관리 방법을 보여주는 영상과 전후 비교 영상, 능숙한 피부 관리사와 미숙한 피부 관리사의 차이에 대한 영상을 만들면 틀림없이 시청자가 회사의 가치를 깨닫고 방문하리라 믿어 의심치 않습니다.

그런 사람은 반드시 여기서 읽기를 멈추고, 앞에서 말한 〈콘셉트의 수요 확인〉을 다시 순서대로 따라 해 보십시오.

먼저 피부 관리사가 운영하는 채널을 찾고, 그 채널의 영상을 인기순으로 정렬해 봅시다.

그러면 '피부 관리실 수기 관리' '피부 관리실 전후 비교' 관련 영상이 생각만큼 조회수가 나오지 않는다는 사실을 알아차릴 겁니다. 이때 '왜 조회수가 적은지'를 생각해야 합니다.

하지만 이 정보만으로는 답이 나오지 않을 겁니다.

답을 찾기 위해 범위를 넓혀 40대 뷰티 콘텐츠를 제작해 많은 구독자를 확보한 채널을 찾아보십시오. 그 채널의 영상을 조회수 순으로 정렬해 보면, 조회수가 높은 영상은 '셀프케어로 돈을 들이지 않고 피부를 관리하는 영상'이라는 사실을 알 수 있을 겁니다.

즉 시청자는 '예뻐지려는' 목적을 이루기 위한 수단에는 전혀 관심이 없습니다. 일단 싸고 편하게 예뻐질 수 있는 콘텐츠면 높은 흥미를 보이는 겁니다. 냉정하게 생각해 보면 당연한 일이지만, 본인의 입장에서만 생각하면 의외로 이 사실을 깨닫기 어렵습니다.

이렇게 뷰티 수요에 관한 현실을 눈으로 직접 확인한 뒤에 '콘텐츠의 방향성을 어떻게 잡아야 하는지' 다시 생각해 봅시다.

수요가 없을 경우의 대처법

자신이 생각한 콘셉트에 수요가 없을 경우에는 수요에 맞춰 콘셉트를 수정해야 합니다.

앞에서 말한 피부 관리실을 다시 예로 들어보겠습니다. SNS나 유튜브에서 수요가 있는 콘텐츠가 '가능한 한 돈을 들이지 않고 스스로 쉽게 할 수 있는 미용법'이라면, 그에 맞춰 '피부 관리사가 사실은 알려주고 싶지 않은 집에서 돈을 들이지 않고 할 수 있는 미용법'으로 콘셉트를 수정하는 것이죠.

그런 콘셉트로 영상을 제작하면 자신의 피부 관리실에 손님이 끊기거나 자신의 노하우가 세상에 알려질까 무섭다는 사람도 있을 겁니다. 하지만 이건 완전히 틀린 생각입니다.

왜냐면 세상의 시청자 중 대부분은 당신이 제공하는 무료 정보로 그만큼의 효과를 느끼면, '돈을 내면 더 좋은 효과를 얻을 수 있겠다'고 생각하기 때문입니다. 즉 직접 수기 관리를 받는다든지, 당신이 판매하거나 추천하는 미용 상품을 사면 더 효과를 볼 수 있으리라 생각하는 '신용과 신뢰'의 토대를 쌓을 수 있습니다.

물론 무료 정보만 보고 실제로 구매까지 이어지지 않는 사람도 정말 많습니다.

하지만 그런 사람들도 의미가 있습니다. 그 사람들은 '저 사람 괜찮아' 라는 입소문을 일으켜 주는 존재가 되거든요. 그 입소문이 당신의 인지도와 신용과 신뢰를 늘려줄 겁니다.

마지막으로 당신의 팔로워가 1만 명을 넘긴다면, 적어도 그중 1%인 100명은 당신의 잠재 고객이 될 가능성이 매우 높습니다.

SNS나 유튜브 콘텐츠는 재미있게도 한 번 '떡상'하면 무서운 속도로 숫자가 불어납니다. 1만 팔로워를 달성하는 데에는 10개월이 걸렸더라도 다음 달에는 2만 팔로워, 그다음 달에는 4만 팔로워라는 제곱 게임이 자주 일어납니다. 당신을 입소문 내 준 사람의 수나 당신의 예상 고객 수도 제곱이 될 겁니다.

그렇게 되면 처음에는 피부 관리실의 고객을 모으는 일이 목적이었더라도 발상이 바뀔 겁니다.

'피부 관리실의 고객만 모아서는 가까운 거리의 고객만 올 뿐이야. 하지만 난 전국에 팬이 있어. 그렇다면 관리실에 방문하지 않아도 효과를 볼 수 있는 좋은 상품을 개발해 전국에서 접근할 수 있는 인터넷 쇼핑몰에서 판매하자'라는 발상입니다. 또는 '내 고객을 모으는 일의 능력을 무기로 전국에 가맹점을 만들고, 그 가맹점으로 팬을 보내자'라는 발상도 가능합니다.

즉 비즈니스 모델이 피부 관리실에서 인터넷 쇼핑몰 판매나 프랜차이즈 비즈니스 모델로 진화하게 됩니다.

이렇게 기존의 사고방식을 한 번 버리고, 온라인 수요에 자신의 강점을 맞추기만 해도 단숨에 비즈니스 가능성이 넓어집니다.

이게 바로 진정으로 옳은 콘셉트 설계입니다.

자신이 팔고 싶은 상품이나 고객을 모으는 일에만 집중해 콘셉트를 생각하면 새로운 화학 반응은 일어나지 않습니다.

비즈니스는 모두 수요 나름입니다. 수요를 조사하고 그 수요에 콘셉트를 맞추도록 노력해야 합니다.

3 경쟁자와의 진검승부로 이길 수 있는 차별화 포인트를 찾는다

당신의 콘셉트가 정해졌어도, 그와 비슷한 경쟁자는 반드시 존재합니다. 그 경쟁자는 당신이 할 수 있는 콘텐츠를 먼저 하고 있는 경우가 대부분입니다.

그때는 차별화 포인트를 찾아내야 할 필요가 있습니다.
다만 온라인 시청자가 생각하는 차별화 포인트와 사업주가 생각하는 차별화 포인트는 종종 크게 다릅니다.

사업주는 '훌륭한 기술' '훌륭한 서비스' '저렴한 가격 설정' 등에 집중해 차별화 포인트를 만들어내기 쉽지만, 이건 SNS나 유튜브 콘텐츠에서는 차별화 포인트가 되지 않습니다.
SNS나 유튜브에서는 당신의 기술이나 서비스를 체험할 수 없기 때문입니다. 또 저렴한 가격 설정도 '사고 싶다'라는 욕구가 생기고 나서야 등장할 수 있는 검토 요소입니다.

즉 온라인에서 알게 된 사람에게 흥미를 느끼는 단계라면, '훌륭한 기술' '훌륭한 서비스' '저렴한 가격'은 전혀 무기가 되지 않습니다.

그러면 어떻게 경쟁자와 차별점을 만들 수 있을까요?

그를 위한 포인트가 7가지 있습니다.

차별화 포인트 7가지

☐ 권위   ☐ 편집

☐ 성별   ☐ 알기 쉬운 설명

☐ 용모   ☐ 재미

☐ 목소리

직접 만날 수 없는 시청자에게는 등장인물의 비주얼이 좋은지, 신용할 수 있고 알기 쉬운 권위를 지닌 신분이 있는지, 좋아하는 목소리인지, 편집이 보기 쉬운지, 시청자가 이해하고 실천할 수 있도록 친절하게 설명했는지, 단순하게 콘텐츠가 재미있는지가 매우 중요합니다.

처음에는 이것에만 흥미를 보입니다.

콘텐츠 내용이 완전히 똑같다면,
강한 권위를 지닌 사람의 이야기를 듣습니다.
예쁘고 잘생긴 사람의 이야기를 듣습니다.
목소리가 좋은 사람의 이야기를 듣습니다.

편집이 보기 쉬운 쪽을 봅니다.

설명이 알기 쉬운 쪽을 봅니다.

재미있는 쪽을 봅니다.

즉 콘텐츠 내용은 같더라도 경쟁자와 비교했을 때 어디서 승부를 볼 수 있을지 생각해 차별화 포인트를 만들면, 반드시 당신을 좋아하는 사람이 나타날 겁니다.

저는 자주, '경쟁자의 상위호환(上位互換)이 되자!'라고 표현합니다.

성과를 내고 있는, 수요가 있는 경쟁자를 찾아내고 7가지 포인트 중 몇 가지라도 그 경쟁자보다 웃도는 계정을 만들면 그대로 상위호환이 됩니다.

그러면 경쟁자의 팬을 그대로 당신에 유도할 수 있습니다. 가장 현명하고 빠르게 결과를 내는 콘셉트와 차별화 포인트를 만드는 방법입니다.

4 자신의 생각을 사회에 전달하기 위한 온라인 마케팅의 전체적인 개념을 이해한다

콘셉트와 차별화 포인트를 만드는 법을 이해했다면, 드디어 온라인 마케팅의 전체적인 개념을 이야기할 차례입니다. 이 전체적인 개념 이야기는 이미 두 번째 등장할 만큼 중요합니다.

이 개념을 이해하지 못하면, '무턱대고 열심히 SNS를 해도 결과가 나지 않는' '전문가에게 부탁해도 효과가 나지 않는' 결과를 맞이할 겁니다.

이 책에서도 이 전체 개념에 따라 각각의 자세한 공략 방법을 설명하고 있으니, 먼저 이 흐름을 기억해 주셨으면 좋겠습니다.

이길 수 있는 콘셉트를 찾아낸 후에 해야 할 일은

어떻게 인지도를 얻어

어떻게 팬(Fan)을 늘려

어떻게 고객을 모으는 일을 해

어떻게 신뢰를 얻어

어떻게 판매해

어떻게 반복을 만들어낼지를

생각하는 일입니다.

이 인지도, 팬 만들기, 고객을 모으는 일, 신뢰 구축, 판매, 반복의 전체적인 프로세스가 온라인 마케팅이라는 점을 기억해야 합니다.

그리고 마케팅의 목표란 영업하지 않고서도 판매와 반복이 일어나는 상태를 만드는 겁니다.

이 목표는 어렵게 생각하지 않아도 됩니다. 인지도에서 반복까지의 여섯 가지 프로세스를 순서대로 올바르게 공략하면 자연스레 달성할 수 있습니다. 그러니 이 여섯 가지 프로세스의 존재 의미를 좀더 깊게 이해해 봅시다.

먼저 온라인에서 '인지도'란 유튜브·SNS에서 팔로워를 늘리는 일입니다. 하지만 여기서 주의해야 할 점은 팔로워가 곧 당신의 팬은 아니라는 점입니다.

세상 사람들은 의외로 별생각 없이 팔로우나 구독을 눌러요.

'그냥 이 사람의 콘텐츠가 도움이 될 것 같네'
'그냥 이 사람 얼굴이 마음에 들어서 좋아'
'그냥 이 사람 목소리가 좋네'
'그냥 이 사람 재밌어서 좋아'

이런 생각으로 팔로우를 누르죠.
그러니 팔로워가 많다는 게 곧 팬이 많다는 걸 의미하지는 않습니다.

실제로 팔로워는 많지만, 막상 그 사람의 오프라인 이벤트에 팔로워가 오지 않는, 온라인 서비스는 전혀 사주지 않는 계정주가 수없이 많습니다. 그들이 이해해야 할 점은 '팔로워는 있어도 팬은 적다'라는 사실입니다.

그래서 인지도 다음으로 '팬 만들기'라는 프로세스가 존재하는 겁니다. 팬을 만들어야 비로소 '고객을 모으는 일'을 할 수 있기 때문입니다. 여기서 말하는 고객을 모으는 일이란, 예상 고객으로서 연락을 취할 수 있는 리스트를 모으는 일입니다. 당신이 연락을 하지 않는다면 판매를 위한 영업 활동을 절대 펼칠 수 없습니다. 즉 고객을 모으는 일이란 예상 고객 리스트를 만드는 일입니다.

하지만 실제로 이렇게 예상 고객 리스트를 만들고 갑자기 영업을 시작해도, 매출로 이어지지 않는 케이스가 많습니다. 물론 사주는 사람도 있겠지만 대부분은 '서비스나 상품에 정말로 지불한 돈 이상의 가치가 있는지' 끝까지 확인하는 심리가 작용하기 때문에 바로 사주지 않습니다.

그래서 '신뢰 구축' 프로세스가 필요합니다. 신뢰 구축의 본질은 당신의 상품과 서비스에 돈을 지불하면 반드시 지불한 이상의 가치가 돌아온다고 안심하게 만드는 데 있습니다. 신뢰를 얻은 상태에서 '판매'하면, 상품이나 서비스는 날개 돋친 듯 팔릴 수 있습니다.

판매할 수 있다면 이번에는 정기적으로 '반복'하기 위한 방안을 세워야 합니다.

여기까지의 프로세스를 전부 견고히 구축하는 게 온라인 마케팅입니다.

재차 말씀드리지만, 온라인 마케팅이란 인지도부터 반복까지의 전체적인 프로세스입니다.

제2장부터는 콘셉트 설계 후 여섯 가지 프로세스에서 어떤 액션을 취하면 효율적으로 마케팅할 수 있을지를 설명하겠습니다.

온라인 마케팅의 전체 프로세스

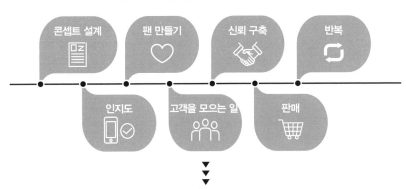

목표 : 영업하지 않아도 팔리는 상태

온라인 마케팅에서 인지도를 쌓는 법

~유튜브 편~

5 온라인 마케팅의 인지도 수단

AI로 '떡상'하는 플랫폼을 고르는 일이 이기는 첫걸음

지금부터는 온라인 마케팅에서 '인지도'를 얻는 방법을 각 플랫폼에 맞춰 설명하겠습니다.

이 책에서는 이 '인지도' 프로세스를 꽤 중요하게 다루고 있습니다.

왜냐면 온라인뿐만 아니라 마케팅에서는 '인지도'를 인지 못하면 그 후 매출로 이어지는 흐름을 만들어낼 수 없고, '인지도'를 얻는 일이 가장 어렵기 때문입니다.

큰 자본력을 갖춘 기업은 인지도를 얻기 위해 막대한 광고비를 사용해 TV 광고를 내보내거나, 유튜브 광고 등 디지털 광고를 내보냅니다.

하지만 여기서는 그런 막대한 예산은 필요하지 않습니다.

전혀 비용을 들이지 않고서도 인지도를 얻고 상품을 판매할 수 있는 로직(Logic: 논리)을 알려드리겠습니다.

먼저 가장 기본이 되는 온라인에서 인지도를 얻을 수 있는 플랫폼을 정리해 봅시다.

현재, 온라인 마케팅에서 인지도를 얻을 수 있는 수단은 주로 다음과 같습니다.

〈온라인 마케팅의 인지도 수단〉
- 유튜브(YouTube)
- 유튜브 쇼츠(YouTube Shorts)
- 틱톡(TikTok)
- 인스타그램(Instagram)
- 트위터(Twitter)
- 페이스북(Facebook)
- 구글 SEO 블로그(Google SEO Blog)

결론부터 말하면 유튜브 · 유튜브 쇼츠 · 틱톡 중 하나로 도전을 시작하는 게 정답입니다.

왜냐면 앞의 3가지가 정답이 아니라면, 팔로워가 0명이라도 AI가 '떡상'으로 만들어 주는 플랫폼이기 때문입니다. 다만 '아무래도 영상 만드는 건 무리야!'라고 생각할 때는 인스타그램을 후보로 넣을 수 있습니다.

당신이 지금부터 진심으로 성공하고 싶다면, 당연하지만 당신은 팔로워 0명에서 시작해야 합니다. 이야기를 들어 줄 친구가 1명도 없다는 뜻입니다. 그 사실을 받아들이세요.

여기서 '이기기 위한 선택지'가 틀리면, 당신이 온라인에서 성공하는 길은 아주 멀어질 겁니다.

이 중에서 트위터가 제외된 게 뜻밖인가요? 물론 비즈니스를 위해 트위터에 트윗을 열심히 작성하는 계정도 많습니다.

하지만 트위터는 확산 방식 자체가 앞에 꼽는 플랫폼들과는 다릅니다.

트위터는 당신의 트윗을 확산하려는 팔로워가 있어야만 확산이 시작

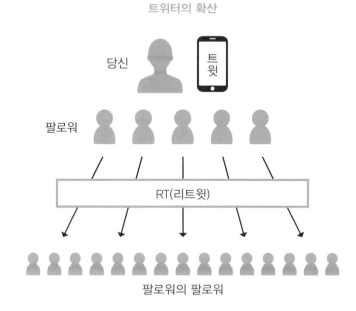

트위터의 확산

당신

트윗

팔로워

RT(리트윗)

팔로워의 팔로워

팔로워가 없으면 확산되지 않는다

됩니다. 이 구조를 RT(리트윗)라 부릅니다.

유저 A의 트윗을 유저 B가 RT해야 비로소 확산이 시작되고, '떡상'이 되어 퍼져 가면 새로운 사람이 자신을 알 수 있게 됩니다.

팔로워가 0명이라면 어떻게 될까요?

누가 당신을 '떡상'거리로 만들어 줄까요?

즉, 트위터는 사람이 '떡상'을 만드는 겁니다.

이번에는 유튜브를 보겠습니다.

유튜브는 누가 '떡상'을 만들까요?

바로 AI입니다.

유튜브라는 플랫폼은 '추천'을 바탕으로 성립합니다. 시청자 대부분은 검색이 아니라 추천 영상 중에서 재밌어 보이는 것을 재생합니다. 실제로 재생한 영상 중 80~90%는 추천 영상입니다.

즉 유튜브의 AI에게 '자주 추천받는 영상'이 되면, 필연적으로 조회수가 늘어납니다. 'AI라니, 잘 모르는데……'라고 걱정할 수도 있겠지만, '떡상'하기 위해서는 이 AI의 구조를 이해하는 게 꼭 필요합니다.

이 책에서 유튜브의 AI가 어떤 로직을 바탕으로 영상을 추천하는지, 기본을 이해하고 그 기본에 따른 영상을 만들 수 있다면 팔로워가 0명이라도

쉽게 '떡상'할 수 있습니다.

　저도 과거에 셀 수 없을 정도로 많이 경험한 일이지만, 유튜브에서는 AI 덕분에 첫 번째 영상부터 백만 조회수를 달성하는 현상도 일어납니다.

　유튜브의 AI 로직을 통칭 '유튜브의 알고리즘'이라 불립니다. 알고리즘에 대해서는 후에 자세하게 설명할 테니 기대해 주십시오.

　유튜브 쇼츠나 틱톡도 유튜브와 같은 이유입니다. 각 플랫폼의 AI의 알고리즘이 '떡상'으로 만들지 판단합시다.

아무리 노력해도 영상을 만들기 어려운 때를 대비해 인스타그램을 후보에 올리는 이유도, AI의 알고리즘이 인스타그램에 업로드한 당신의 피드를 유저에게 추천해 주기 때문입니다. 다만 인스타그램에서는 팔로워가 0명일 때 '떡상'하는 현상은 일어나기 어려워서, 1,000~2,000명 정도까지는 팔로워를 착실히 늘릴 필요가 있습니다.

특히 인스타그램에서도 동영상을 사용하지 않는 경우에는 이 재미없는 작업의 공수가 더욱 늘어납니다. 이 점에서 다른 플랫폼보다 조금 힘들기 때문에 결점이라 할 수 있습니다.

'서툴더라도 영상을 극복하느냐, 극복하지 않고 피드만으로 늘릴 것이냐.' 어느 쪽이 좋을지 고민 중이라면, 앞으로 나올 각 플랫폼의 공략법을 읽고 생각해 보십시오.

6 알고리즘으로 '떡상'하기 위한 공통 원칙

'떡상'하기 위한 알고리즘

여기까지 오면 '떡상을 만드는 알고리즘이 과연 무엇인지' 궁금해질 겁니다. 먼저 모든 플랫폼에 공통되는 '떡상'을 만드는 알고리즘의 기본에 대해 설명하겠습니다.

알고리즘이란 도대체 무엇일까요?
한마디로 말하자면 플랫폼 운영자의 바람을 이뤄주는 로직입니다.

플랫폼 운영자의 바람은 '자신이 운영하는 플랫폼을 이용하는 사람이 많이 늘어나 긴 시간을 그 플랫폼에 소비하고, 플랫폼에 광고를 내고 싶어 하는 기업이 늘어나 그 기업으로 광고 수입을 버는 것'입니다.

유튜브나 SNS 플랫폼은 광고비가 주요 수입원이기 때문에, 이렇게 돈을 버는 일이 플랫폼 운영자의 바람이고 알고리즘은 이 바람을 달성하기 위해 존재합니다.

플랫폼 운영자의 바람을 실현하기 위해서는 최대한 많은 사람이 오랜 시간 이용해야 합니다.

광고주는 좀더 많은 사람이 자신의 상품을 알아주기를 바라서 광고를 내기 때문에, 플랫폼이 이 점을 이뤄줄 수 있다면 자연스레 광고주를 모을 수 있습니다. 즉 최대한 많은 사람이 오랜 시간 이용하는 일이 중요하단 겁니다.

당신이 만약 플랫폼을 운영한다면, 이 바람을 달성하기 위해 어떤 알고리즘을 만들면 좋을까요?

가장 우선적으로 플랫폼을 이용하는 유저가 재미를 느껴야 합니다. 재미를 느끼는 사람은 높은 빈도로 오랜 시간 이용하니까요.

그렇다면 유지가 '재미있다'고 느끼는 곤텐츠란 무엇일까요?

정답은 '유저마다 다르다'는 겁니다.

간과하기 쉽지만 잘 생각해 보면 당연한 이야기입니다.

축구 콘텐츠를 재미있다고 느끼는 사람, 야구 콘텐츠를 재미있다고 느끼는 사람, 개그 콘텐츠를 재미있다고 느끼는 사람, DIY 콘텐츠를 재미있다고 느끼는 사람, 비즈니스 콘텐츠를 재미있다고 느끼는 사람······. 사람마다 재미있다고 느끼는 콘텐츠는 정말 모두 다릅니다.

그렇다면 유저 1명, 1명의 취미와 취향에 맞춰 그 유저가 흥미를 느낄 법한 콘텐츠를 자동으로 추천하는 알고리즘을 만들어야 유저가 '재미있다'고 느끼게 만들기 쉽습니다.

이때 가장 간단한 알고리즘은 최근 시청 이력 중에서 유저가 특히 흥미를 보인 콘텐츠를 바탕으로 취미와 취향을 찾아내, 그와 비슷한 콘텐츠를 소개하는 겁니다.

최근에 본 콘텐츠와 비슷한 콘텐츠라면 재미있어 할 가능성이 높습니다. 구체적으로 말하자면 최근 축구 콘텐츠를 자주 보고 있는 유저에게 축구 콘텐츠를 추천하는 겁니다.

하지만 여기서 문제가 발생합니다.

추천한 축구 콘텐츠 중에도 재미있는 게 있고 지루한 게 있거든요. 지루한 콘텐츠를 추천해 버리면 플랫폼의 이용률은 곧바로 하락합니다. 그래서 플랫폼을 운영하기 위해서는 무엇보다도 재미있는 축구 콘텐츠를 소개해야 합니다.

각각의 플랫폼에서는 다양하게 존재하는 콘텐츠들의 재미를 비교하기 위해 평가 점수를 매기고 있습니다.

유튜브에서는 주로 다음 네 가지 평가 기준을 바탕으로 업로드된 콘텐츠를 유저가 재미있어 하는지 평가하고 있습니다.

〈콘텐츠의 기본 평가 기준 네 가지〉
- 평균 시청 클릭률
- 평균 시청 시간
- 시청 후 반응(좋아요, 댓글, 공유, 보관)
- '다시 보기' 비율

평균 시청 클릭률

특징 플랫폼에 입로드된 영상을 AI가 테스트로 100명에게 추천했나고 칩시다. 추천을 받은 유저는 영상의 섬네일이나 제목을 보고 시청할지 고민한 뒤, 본다고 결정하면 '클릭 또는 탭'을 해서 보기 시작합니다.

이 100회 표시 중 몇 번 '클릭 또는 탭'되었는지가 시청 클릭률입니다. 당연히 클릭률이 높은 쪽이 유저의 흥미를 끌기 쉬운 콘텐츠이기 때문에 평가도 높게 받습니다.

평균 시청 시간

영상을 클릭해 보기 시작한 후, 1분짜리 영상에 대해 평균 몇 초 시청했는지에 관한 데이터가 평균 시청 시간입니다.

평균 시청 시간이 20초인 영상과 40초인 영상이 있다면, 당연히 40초인 영상이 우수한 영상이라 평가받습니다. 오랫동안 유저를 플랫폼에 붙잡아 두는 데 성공했고, 콘텐츠가 재미있으니 오래 시청했다고 생각할 테니까요.

시청 후 반응

시청 후 유저가 어떤 반응을 했는지에 대한 데이터도 지표 중 하나입니다. '좋아요' 버튼을 누르거나 '댓글'을 남기거나, '콘텐츠'를 친구에게 공유하거나, 다시 보고 싶어 보관 버튼을 누르는 등……. 이러한 유저의 행동이 자주 발생하는 콘텐츠는 평가를 높게 받습니다.

'다시 보기' 비율

'다시 보기'란 같은 콘텐츠를 반복해서 보거나 같은 계정이 만든 다른 콘텐츠를 찾아서 보러 가는 행동 패턴을 가리킵니다.

유저는 시청한 영상이 매우 재미있을 경우, 한 번 더 보는 행동을 할 때가 있습니다. 이 경우 자연스레 유저가 재미있어 한다고 판단합니다.

다시 보기로 반복 시청이 발생한 비율이 높으면 플랫폼에서는 높은 평가를 얻을 수 있습니다.

이게 바로 오늘날 온라인 플랫폼의 기본적인 콘텐츠 평가 방식입니다.

각 플랫폼은 콘텐츠에 대해 이런 평가를 자동으로 실시하고 있습니다. 앞에서 예시로 든 축구 콘텐츠로 말하자면, 90점 콘텐츠와 80점 콘텐츠가 있으면 90점 콘텐츠를 축구를 좋아하는 사람에게 우선적으로 추천해 줍니다. 그러면 높은 확률로 유저는 그 영상을 재미있어 하고, 그대로 플랫폼의 이용 시간과 이용 빈도가 높아질 겁니다.

알고리즘은 이렇게 유저를 즐겁게 만들어 오랫동안 많이 이용하게 하기 위한 구조를 말합니다.

평가 점수 배분은 플랫폼마다 다르다

플랫폼마다 특징이 다르다는 건, 플랫폼 운영자의 사고방식에 따라 중요시하는 평가 기준에 차이가 있다는 뜻입니다. 앞서 설명한 네 가지 주요 평가 기준에 대해서도 플랫폼마다 점수 배분이 달라집니다.

예를 들어 100점 만점 기준으로 유튜브가 다음과 같은 점수 비율로 영상을 평가한다고 칩시다.

〈유튜브의 경우〉 ※구체적인 점수 배분은 책에서 가정한 숫자로, 실제 수치는 공개되지 않습니다.

평균 시청 클릭률	25점
평균 시청 시간	40점
시청 후 반응	15점
'다시 보기' 비율	20점
	합계 100점

반면 인스타그램일 경우, 다음과 같이 배분이 달라집니다.

〈인스타그램의 경우〉 ※구체적인 점수 배분은 책에서 가정한 숫자로, 실제 수치는 공개되지 않습니다.

평균 시청 클릭률	10점
평균 시청 시간	40점
시청 후 반응	40점
'다시 보기' 비율	10점

합계 100점

예시로 든 잠정적인 점수 배분을 비교해 보면, 유튜브에서는 평균 시청 시간 〉 평균 시청 클릭률 〉 '다시 보기' 비율 〉 시청 후 반응 순으로 평가 기준을 중요시하지만, 인스타그램에서는 평균 시청 시간과 시청 후 반응 두 가지 기준을 특히 중요시합니다.

이렇게 평가 기준에 대한 점수 배분에는 플랫폼 운영자의 사고방식이 반영되기 때문에, 플랫폼마다 달라집니다.

이를테면 대학 입시 때 시험 과목 자체는 국어·수학·영어로 같더라도, 대학마다 평가하는 중요 기준은 다른 것과 마찬가지입니다. 여기에는 대학이 어떤 수험생을 원하는지, 대학의 사상이 반영되어 있습니다.

이와 동일하게 온라인 플랫폼은 각기 다른 사상을 품고 있고, 그 사상은 평가 기준에 강하게 영향을 미칩니다. 평가 구조가 알고리즘이라는 말로 바뀌었을 뿐입니다. 즉 알고리즘이란 플랫폼 운영자의 바람(사상)을 이루기 위해 존재합니다.

결국 각 플랫폼의 운영자가 원하는 바를 깊게 고려해 평가 기준에 맞는 적절하고 재미있는 콘텐츠를 만들면, 높은 평가 점수를 받을 수 있고 유저에게 많이 추천되어 '떡상'하는 현상이 일어납니다.

제가 자유롭게 다양한 온라인 플랫폼에서 '떡상'할 수 있던 이유는 이 알고리즘을 잘 이해하고 플랫폼마다 비중을 두는 평가 점수가 다르다는 것을 예측하고 검증했기 때문입니다.

7 유튜브에서 '떡상'하기 위한 알고리즘의 원리원칙과 '떡상'하는 콘텐츠를 만드는 방법

유튜브에서 '떡상'하기 위해서는 '낚시'를 가라

그럼 지금부터 인지도를 올리기 위한 대표적인 수단인 유튜브에서 '떡상'하는 콘텐츠에 대해 설명하겠습니다. 사실, 이 플랫폼에서 '떡상'하는 콘텐츠는 '낚시'로 비유하면 90% 설명할 수 있습니다.

당신이 갑자기 생긴 휴일에 낚시하러 갔다고 칩시다.
그때, 당신은 뭘 생각할까요?
분명 아래 네 가지 포인트를 순서대로 생각할 겁니다.

(1) 무슨 물고기를 낚을까?
(2) 낚고 싶은 물고기는 어디에서 잘 낚일까?
(3) 그 물고기가 좋아하는 미끼는 뭘까?
(4) 그 물고기를 버틸 수 있는 낚싯줄은 뭘까?

유튜브에서 '떡상'하기 위해 생각해야 하는 요소도 낚시와 같습니다.
낚시의 이론을 유튜브에 적용하면, 다음과 같이 바꿀 수 있습니다.

〈낚시 방식을 유튜브에 적용한다〉

(1) 무슨 물고기를 낚을까? = **페르소나**

(2) 낚고 싶은 물고기는 어디에서 잘 낚일까?

　　= 페르소나는 보통 무슨 콘텐츠를 볼까?

(3) 그 물고기가 좋아하는 미끼는 뭘까?

　　= 어떤 섬네일과 제목이면 페르소나의 구미가 당길까?

(4) 그 물고기를 버틸 수 있는 낚싯줄은 뭘까?

　　= 오래 시청하게 하기 위한 영상 내용과 편집

머릿속에 그림이 그려지시나요?

좀더 자세하게 설명하겠습니다.

유튜브를 큰 바다라고 생각해 보세요.

바닷속에는 다양한 물고기가 많이 살고 있어요.

많은 물고기는 무리 지어 행동하고요.

정어리 무리, 전갱이 무리, 참치 무리 등 여러 무리가 있어요.

이 물고기는 바로 시청자입니다.

시청자는 다양한 경향을 보이고, 유튜브는 그 경향을 분류해 관리하고 있습니다.

예를 들어 18~24세 나이대로, 애니메이션이나 만화를 좋아하는 사람을 정어리라 할게요. 이 정어리는 애니메이션 분석, 애니메이션 해설, 만화 분석, 만화 해설, 게임 실황이라는 콘텐츠를 아주 좋아합니다. 당신이 정어리를 낚으려면, 애니메이션 고찰, 애니메이션 해설, 만화 고찰, 만화 해설, 게임 실황 영상을 미끼로 준비하면 좋겠죠.

유튜브에 애니메이션 분석 영상을 업로드하면, 유튜브의 AI는 똑똑하기 때문에 이 미끼(영상)는 애니메이션 분석이라고 인식합니다. 그러고는 애니메이션 분석을 좋아하는 정어리에게 추천해 줍니다.

반응이 더 좋으면, 다른 정어리에게도 추천하겠죠.

또 반응이 좋으면 이 미끼는 질이 좋은 데다가 정어리들이 매우 좋아하는 미끼라고 판단해 더더욱 많은 정어리에게 추천할 겁니다.

이렇게 영상이 평가를 잘 받을수록 확산이 늘어나는 것이 유튜브의 방식입니다. 단지 이 방식만으로 1천, 1만, 10만, 100만까지 조회수를 쉽게 늘릴 수 있습니다.

'유튜브에 영상을 올려 봤지만 조회수가 100회도 나오지 않는다'라고 고민하는 사람이 매우 많습니다. 그 사람은 낚고 싶은 물고기를 고려하지 않고, 자기가 좋아서 만든 자신만의 미끼로 적당히 바다에서 낚시를 하고는 '아무것도 못 낚았어~!'라고 머리를 감싸 쥐는 것과 같습니다.

진짜 낚시를 한다면 '맞는 말이네'라고 쉽게 이해하겠지만 유튜브 콘텐츠를 제작할 때는 이 당연한 사실을 알아채지 못하는 사람이 대부분입니다.

좋은 낚시터에는 '경쟁자'가 있다

하지만 지금까지의 이야기를 이해하고 유튜브를 운영했는데도 결과가 나오지 않을 수도 있습니다. 이때 경쟁자라는 개념이 등장합니다.

앞에서 든 예시를 바탕으로 다시 이야기해 보겠습니다.

당신은 정어리를 낚고 싶어서 정어리가 있는 스폿을 찾고 정어리가 좋아하는 미끼도 준비했습니다.

낚시를 나가 보니, 이미 그 스폿에는 수많은 낚시꾼이 있었습니다. 일단 당신도 낚시를 시작해 봤지만, 낚시꾼이 많은 탓인지 생각보다 정어리를 낚지 못했습니다.

이렇게 똑같은 물고기를 낚는 사람이 바로 경쟁자입니다.

이 상황에 부딪혔을 때, 당신은 어떻게 해야 경쟁에서 이길지 생각해야 합니다. 같은 스폿에서 일어나는 경쟁에서 이기는 기본적인 방법은 다음 두 가지입니다.

(1) 경쟁자보다 낚시 실력을 향상시켜라.
(2) 경쟁자가 하지 않는 낚시 방법을 고안해라.

경쟁자보다 낚시 실력을 향상시켜라

　낚시 실력을 향상시키려면 그 스폿에서 가장 많이 낚는 사람을 찾아내야 합니다. 그 사람이 사용하는 미끼와 낚시대 사용 방법에 대해 연구해야 하고요. 먼저 그걸 완전히 모방하기부터 시작하는 겁니다.

　유튜브도 똑같습니다. '떡상'하기 위해 성공한 섬네일, 성공한 제목, 성공한 기획을 흉내내기를 하십시오. 이 개념을 이해한 뒤 똑같이 낚시해 봅니다. 그렇게만 해도 낚이는 물고기의 수는 단숨에 늘어날 겁니다.

　게다가 물고기가 미끼를 무는 시간을 최대한 길게 늘일수록 쉽게 낚을 수 있습니다. 이 시간을 늘리는 일이 '영상의 질'에 해당합니다. 영상의 질이란 주로 얼마나 편집이 재미있는지를 의미합니다.

　즉 가장 많이 낚는 사람보다 편집의 질을 올려 모방하십시오. 더욱 이상적으로 말해 보면, 경쟁에서 이길 수 있는 요소를 하나라도 더 찾아내고 그 부분을 바꾼 상위호환 영상을 만들 수 있다면 당신은 경쟁자보다 잘 낚을 수 있을 겁니다.

　경쟁자와 비교할 때 검토해야 하는 요소는 SNS·유튜브에서 차별화 포인트기고 앞에서 설명한 '길이' '성별' '용모' '목소리' '편집' '이해하기 쉬운 설명' '재미' 7가지입니다.

　이 포인트 중에서 자신이 경쟁자를 이길 수 있는 요소를 찾아낼 수 있다면, 정어리에게 '다른 경쟁자의 미끼보다 매력적으로 비칠 확률'이 올라갑니다. 그러면 당신은 그 낚시터 스폿에서 이길 수 있을 겁니다. 이게 왕도인 동시에 가장 쉽게 싸우는 방법이니, 초심자는 여기서부터 시작해야 합니다.

이 프로세스대로 진행하면 '기초'를 다질 수 있습니다.

모든 일에 다 통하는 말이지만, 초심자는 잘하는 사람을 흉내내기 하는 일이 발전의 지름길입니다. 기초를 잘 다져야 비로소 응용의 단계에 들어서고, 그 뒤에 마침내 경쟁자를 이기기 위한 전략이 중요해집니다.

유튜브의 콘텐츠 평가 기준

유튜브가 당신의 낚시를 어떻게 평가하는지 알아보겠습니다.

유튜브에서 '떡상'하기 위해 중요시해야 하는 평가 항목은 다음 다섯 가지입니다. 이 다섯 가지 포인트가 경쟁자보다 어느 정도 앞서 있는지에 따라 평가 점수가 정해지고, 평가 점수가 높으면 경쟁자보다 우선적으로 타깃 물고기에게 당신의 영상이 추천됩니다.

〈유튜브의 평가 기준〉

• **시청 클릭률**

= 물고기에게 미끼를 보여주었을 때, 미끼를 물 확률

• **평균 시청 시간**

= 미끼를 문 뒤 평균 몇 초 물고 있을 수 있는가?

- **평균 시청 유지율**

  = 얼마나 길고 좋은 상태에서 미끼를 계속 물고 있는가?

- **시청자가 시청 뒤 취하는 행동**

  = 물고기가 미끼를 문 뒤 얼마나 기뻐하는가?

- **'다시 보기' 발생률**

  = 한 번 미끼를 문 물고기가 그 낚시꾼의 다른 미끼도 먹으러 오는가?

세세하게 말하려면 다른 기준도 많이 있지만, 유튜브에서 초심자가 신경 써야 할 평가 기준은 이 정도입니다.

첫 번째 전투 방법을 노력하는 과정에서 자신의 낚시 실력이 올라갔는지는 위 다섯 가지 지표를 바탕으로 계속해서 확인하십시오.

경쟁자가 하지 않는 낚시 방법을 고안해라

낚시 전략 중 '경쟁자가 쓰지 않는 낚시 방법을 고안하는' 방법도 있습니다. 구체적으로 설명하면 경쟁자가 아직 쓰지 않은 정어리가 매력적으로 느낄 가능성이 높은 미끼를 노리는 방법을 고안하는 겁니다.

낚시꾼 모두가 같은 미끼를 사용한다면 차이는 벌어지지 않고, 정어리도 점점 질려 '또 같은 먹이냐'라고 생각해 잘 먹으러 오지 않게 될 겁니다. 이렇게 되면 정어리는 '새롭고, 참신하면서도 내가 정말 좋아하는 무언가'를 원하기 시작합니다.

낚시꾼으로서도 정어리의 입질이 나빠지면 정어리가 원하는 '새롭고, 참신하지만 물고기가 매우 좋아하는 무언가'를 생각해야 합니다.

이때, 많은 사람은 남들과는 완전히 다른 자신만의 미끼를 스스로 생각해 정어리를 낚으려고 합니다. 하지만 '완전한 자신만의 것'은 유튜브를 비즈니스에 활용하고 싶다면 절대 해서는 안 될 일입니다.

해야 할 일은 경쟁자가 하지 않은 다른 비슷한 물고기에게 인기가 있는 새로운 기획을 시험하는 일입니다. 예를 들어 정어리는 청어로 분류되기 때문에 '다른 청어에게 인기가 있는 미끼를 정어리가 좋아할 형태로 가공해 미끼로 줘 보는' 겁니다.

유튜브에 인기 만화 〈원피스〉의 분석 영상을 올린다고 가정해 봅시다. 〈원피스〉 분석으로 경쟁자가 성공한 기획을 따라 하는 게 아니라, 다른 만화 분석으로 인기를 얻은 기획을 조사해 자신의 채널로 가져오는 겁니다.

예컨대 〈명탐정 코난〉을 분석한 타 채널에서 '코난에 등장한 〈최악의 범죄자 TOP 5〉'라는 기획이 성공했다고 칩시다. 이 기획을 〈원피스에 등장한 최악의 등장인물 TOP 5〉처럼 자신의 타깃에 맞춰 가공한 후 시험해 보는 겁니다.

처음에는 경쟁자가 성공한 기획을 모방하는 것으로 시작해도 좋지만, 어느 정도 인기가 생기면 경쟁자보다 앞서가야 하는 단계에 도달합니다.

이때는 얼마나 높은 확률로 신규 기획에 성공하는지가 중요합니다. 가장 간단한 방법이 다른 장르에서 성공한 기획을 자신의 타깃에 맞춰 선보이는 방법이 있습니다.

비즈니스 전반에 걸쳐 통용되는 말이지만, 성공한 기획을 수입하는 방식이 가장 높은 확률로 성공합니다.

타임머신 경영이라 불리는 방식인데, 앞서 미국에서 성공한 IT 서비스를 국내 사람을 대상으로 개량해 비슷하게 만든 서비스를 판매하면, '참신해! 멋져!'라고 호평을 이끌어 내어 히트하는 경우가 있습니다.

유튜브에서는 전쟁이 낚시에서는 당연한 인기 기획이 왜인지 정어리 낚시에서는 보이지 않는 경우가 있습니다. 이런 일이 일상다반사입니다.

유튜브의 '떡상'을 만드는 방법을 이해한 뒤 자신의 비즈니스에 어떻게 응용해 싸울 것인가?

비즈니스를 위해 유튜브를 활용할 때는 비즈니스로 이어지는 '떡상'을 만들어내면서도 브랜딩을 무너뜨리지 않는 절묘한 균형을 이룬 콘텐츠를 만들어야 합니다.

나시시 저음으로 겡보닌입회사인 리쿠르드세가 고안킨 'Will Can Must'라 불리는 프레임워크 방식을 유튜브에 응용해 보겠습니다. 저도 실제 프로젝트를 운영할 때는 이 프레임워크를 활용합니다.

Will : 자신이 하고 싶은 일

Can : 자신이 할 수 있는 일

Must : 사회가 원하는 일

세 가지 요소가 겹치는 정중앙이 가장 성공하기 쉬운 상품·서비스·기획이 됩니다.

Will-Can-Must 프레임워크

이를 유튜브에 응용해 보면, 다음과 같이 표현할 수 있습니다.

〈유튜브의 Will-Can-Must〉

Will : 자신이 제공하고 싶은 비즈니스 **= 누구에게 어떤 미래를 전달할 것인가?**

Can : 자신이 제공할 수 있는 것 **= 자신이 사용할 수 있는 자원·기술·정보**

Must : 사회가 원하는 것 **= 유튜브에서 성공한 기획**

이 세 가지 요소를 조화시켜야 합니다.

여기서 맨 처음에 성공 사례로 든, '체형 교정'이라는 기술을 가진 기타가와 유스케 대표의 예를 소개하겠습니다.

기타가와 유스케 대표는 자신의 체형 교정 기술을 활용해 운동선수의 퍼포먼스가 향상되도록 지원하고, 그를 통해 비즈니스에 성공하고 싶었습니다. 이를 앞서 말한 프레임워크에 맞춰 정리하면, Will과 Can은 다음과 같습니다.

Will : 자신이 하고 싶은 일

= 체형 교정 기술을 활용해 운동선수의 퍼포먼스가 향상되도록 지원, 비즈니스 성공.

Can : 자신이 제공할 수 있는 것

= 운동선수의 퍼포먼스를 높이는 체형 교정 기술, 운동선수의 퍼포먼스를 높이기 위한 정보 제공.

이 두 가지가 명확해지면, 다음은 유튜브에서 성공하기 위한 'Must, 즉 사회가 원하는 것'을 조사해 세 가지 요소의 균형을 맞춘 콘텐츠를 생각하면 됩니다.

Must를 알아보는 방법은 매우 간단한데, 유튜브에서 성공한 (조회수가 높은) 콘텐츠를 조사하는 것입니다. 그러면 유튜브에서 운동선수라는 물고기가 어떤 콘텐츠를 좋아하는지 알 수 있습니다. 바로 '사회가 원하는 것'에 해당합니다.

운동선수의 인기 콘텐츠를 조사한 결과, 스포츠 관련 콘텐츠에서 가장 조회수가 높은 장르는 '야구'라는 사실을 알 수 있었습니다. 국내에서 야구는 시합을 치르는 사람도 많고, 텔레비전으로 관람하는 사람도 매우 많은 운동입니다.

그래서 기타가와 유스케 대표의 체형 교정 기술을 최대한 많은 사람이 알게 하고 브랜딩하기 위해서는 '야구'라는 장르에서 승부를 보는 편이 효율적이라 생각했습니다.

기타가와 유스케 대표가 야구라는 장르에서 할 수 있는 일을 생각해 봅시다. '체형을 교정해 야구 선수의 퍼포먼스를 향상시키는' 일이 가장 이해하기 쉬우리라는 생각에 다다랐습니다.

방향이 정해진 뒤에는 '야구 선수의 퍼포먼스를 향상시키는' 콘텐츠를 재미있고 이해하기 쉽게 전달하도록 기획하기 위해 유튜브에서 스포츠, 피트니스, 근육 트레이닝 등의 장르에서 성공한 기획을 조사했습니다.

그 결과 '다이어트 후 전후 비교'라는 성공 기획이 존재한다는 사실을 알아냈습니다. 그 기획을 그대로 응용해 '야구 선수의 퍼포먼스를 체형 교정으로 끌어올려, 전후를 비교해 보여 주는' 기획을 세웠습니다.

다이어트 전후 비교 영상에서 중요한 포인트를 분석해 보니 '몇 킬로그램 감량'이라는 '숫자'가 중요하다는 사실을 알게 되었기 때문에 이 숫자의 변화를 보여줄 수 있도록 영상을 만들었습니다.

이렇게 '투수의 구속을 체형 교정으로 끌어올려, 전후 비교를 보여주는' 기획이 완성되었습니다.

이 영상을 업로드하자, 영상 하나로 10만 조회수를 기록했습니다.

이렇게 유튜브에서 '떡상'하는 콘텐츠를 만드는 방법과 비즈니스 아이템을 조화시켜, 실제 비즈니스와 이어진 콘텐츠를 '떡상'으로 만들 수 있었습니다.

또한 성공한 콘텐츠를 몇 번이고 반복해 제작하는 일도 중요합니다. 영상이 하나면, 시청자는 '우연히 일어난 일 아니야?'라고 의심을 품기 때문에

몇 번이고 같은 기획을 다른 선수에게 시험한 영상을 업로드해 '진짜네!' 라는 확신을 줘야 합니다.

기타가와 유스케 대표는 이 유튜브 기획을 계기로 급부상했습니다. 지금은 프로 야구 선수에게 주목을 받고 있으며, 많은 프로 야구 선수가 기타가와 유스케 대표에게 체형 교정을 의뢰하러 오게 되었습니다.

또한 수많은 트레이너가 기타가와 유스케 대표의 제자가 되고 싶다며 몰려들어, 체형 교정을 가르쳐 주는 서비스도 많이 팔 수 있었습니다.

유튜브와 비즈니스의 조화는 가능성이 무궁무진합니다.

꼭 도전해 보십시오.

제3장

온라인 마케팅에서 인지도를 쌓는 법
~유튜브 쇼츠·틱톡 편~

유튜브 쇼츠에서 '떡상'하기 위한 알고리즘의 원리원칙과 '떡상'하는 콘텐츠를 만드는 방법

유튜브와 유튜브 쇼츠의 차이를 이해해라

유튜브 쇼츠는 2021년 7월 개시된 유튜브의 기능으로 최대 1분간 세로형 영상을 올릴 수 있는 플랫폼입니다. 틱톡에 대항하기 위해 만들어진 플랫폼이라 실제 사용법도 틱톡과 거의 비슷합니다.

유튜브 내에 설치되어 있어, 어플리케이션이나 브라우저에서 유튜브를 열면 '쇼츠'라 표시된 구역이 존재합니다.

스마트폰 버전   PC 버전

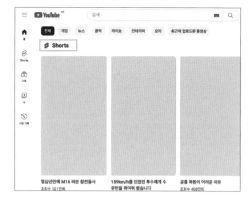

유튜브 쇼츠는 유튜브(낚시)처럼 운영하면 조회수가 오르지 않습니다.

유튜브에서 영상이 재생되기까지의 흐름과 유튜브 쇼츠에서 영상이 재생되기까지의 흐름이 다르기 때문입니다.

각각의 영상이 재생되기까지의 흐름은 다음과 같습니다.

〈유튜브에서 영상이 재생되는 흐름〉

(1) 유튜브의 AI 알고리즘이 시청자의 과거 시청 이력에서 시청자가 흥미를 가질 가능성이 높은 영상을 골라 여러 가지를 추천한다

(2) 시청자는 섬네일과 제목을 밑으로 슬라이드하며 보면서 특히 흥미를 끈 영상을 클릭해 재생한다

(3) 재생한 영상을 시청자가 길게 꾸준히 보는 것 같다면, AI 알고리즘은 흥미 있는 영상이라고 인식해 비슷한 영상을 추천한다

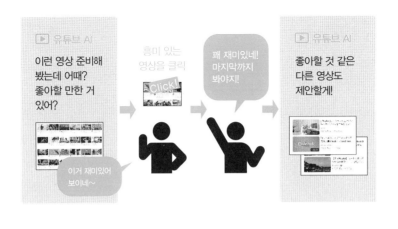

〈유튜브 쇼츠에서 영상이 재생되는 흐름〉

(1) 시청자의 과거 시청 이력에서 시청자가 흥미를 느낄 가능성이 높은 영상을 갑자기 재생한다

(2) 시청자는 재생된 영상을 볼지 말지를 처음 2초에서 7초 사이에 판단한다

(3) 시청자가 마지막까지 영상을 봤는지, 동영상을 본 뒤 좋아요나 댓글 등 반응을 어느 정도 했는지로 영상의 질과 시청자의 기호를 판단해 다른 영상을 추천해 갑자기 재생한다

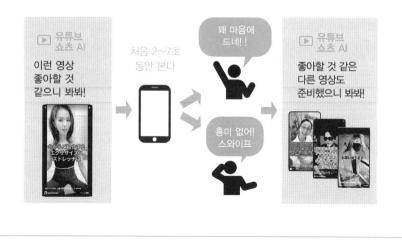

즉 '영상을 볼지 말지를 판단하는 포인트'가 유튜브에서는 재생 전, 유튜브 쇼츠에서는 재생 후인 것입니다. 사소한 차이라고 생각하실 수도 있지만, 사실 이게 크게 다른 포인트입니다.

재생 전에 볼지 말지를 결정하는 유튜브에서는 섬네일과 제목이 가장 중요합니다. 반면 유튜브 쇼츠에서는 영상이 재생되고 나서 볼지 말지를 판단하기 때문에 영상의 첫 2~7초에 가장 힘을 쏟아야 합니다.

게임으로 치면, 두 가지는 규칙이 완전히 다르다고 생각해야 합니다.

또한 유튜브와 다르게 유튜브 쇼츠는 영상의 재생 시간이 최대 1분입니다. 이 차이 때문에 '떡상'하는 콘텐츠의 법칙이 완전히 달라집니다.

유튜브 쇼츠에서 '떡상'하는 콘텐츠의 법칙

앞에서 유튜브의 본질을 낚시에 비유했는데, 유튜브 쇼츠의 본질은 '마지막까지 보게 하는 게임'입니다. 비유가 어렵긴 한데, 이 이상으로 설명이 어렵습니다.

유튜브 쇼츠·틱톡·인스타그램 릴스 등 숏폼에서 '떡상'하는 로직은 원칙이 모두 동일합니다. 유저가 마지막까지 볼 확률이 높은 영상을 훌륭하다고 판단합니다.

즉 단순하게, 어떻게 유저에게 마지막까지 영상을 보게 할지만 고려하면 성공합니다.

유저가 마지막까지 보게 만들기 쉬운 숏폼 콘텐츠를 제작하려면 다섯 가지 기본 규칙이 있습니다.

〈숏폼 콘텐츠 제작을 위한 다섯 가지 기본 규칙〉

• 대중에게 먹히는 콘텐츠

• 첫 2초 안에 임팩트

• 첫 7초 안에 마지막까지 보았을 때의 이점을 이해시켜라

• 루프(반복 재생)가 일어나기 쉬운 영상이 이긴다

• 재미있는 숏폼 콘텐츠의 본질은 압축

이 다섯 가지 규칙을 지키는 일은 유저에게 마지막까지 영상을 보게 만들기 위한 필수 조건이라 말해도 과언이 아닙니다.

각각의 규칙에 대해 나중에 구체적으로 설명할 테지만, 왜 이 다섯 가지 규칙이 필요한지를 이해하기 위해 먼저 밑바탕이 될 유튜브 쇼츠의 알고리즘을 파악해 봅시다.

먼저 유튜브 쇼츠에서 조회수가 늘어나는 알고리즘의 기본을 설명하겠습니다. 아래 순서대로 추천을 받으면 영상의 조회수가 늘어납니다.

〈유튜브 쇼츠의 확산 알고리즘〉

(1) 업로드된 영상에 흥미를 느낄 것 같은 유저층에게 AI가 랜덤으로 유튜브 쇼츠의 영상을 추천한다. 추천된 영상은 강제적으로 재생이 시작된다 (최대 1,000회 재생이 분배)

(2) 재생된 영상에 대해, 유저는 '볼지 말지'를 최대 7초 안에 거의 판단한다

(3) 마지막까지 보는 유저의 비율이 높은 경우, 영상은 재미있다고 평가된다

(4) 영상이 재미있다고 평가된 경우, 흥미와 관심도가 낮은 층에게도 추천된다 (수천 회 재생에 도달)

(5) 흥미 관심도가 낮은 층에서도 영상을 마지막까지 보는 유저의 비율이 높을 경우, 본격적인 확산이 일어나기 시작한다

(6) 흥미를 느낄 가능성이 조금이라도 있는 유저 전체에게 추천된다. 여기까지 오면, 조회수는 50~100만 회를 넘어간다

이 확산의 방식과 특성을 대략적으로 이해하고 나서, 다시 유튜브 쇼츠를 비즈니스에 이용했을 때 얻을 수 있는 본질적인 이점에 대해 설명하겠습니다.

유튜브 쇼츠의 최대 이점은 조회수를 올리기가 엄청나게 쉽다는 점입니다.

유튜브에서 100만 조회수를 획득할 때의 난이도를 100이라 치면, 유튜브 쇼츠에서 100만 조회수를 얻을 때의 난이도는 10 정도입니다. 쉽게 조회수를 얻을 수 있는 이유는 단순한데, 영상의 재생 시간이 최대 1분으로 짧아서 유저의 시간을 많이 쓰지 않기 때문입니다.

그래서 유저는 점점 다양한 영상을 보게 됩니다.

보통 1시간 동안 시청할 수 있는 유튜브 영상은 많게는 5~10개인데, 유튜브 쇼츠는 1시간 동안 60~100개의 영상을 시청할 수 있습니다. 그만큼 조회수가 발생하기 쉬우므로, 100만 조회수를 획득하는 난이도도 10분의 1이 되는 겁니다.

반대로 생각해 보면, 최대 1분 영상 콘텐츠기 때문에 100만 조회수를 획득했다 하더라도 유저에게 끼치는 영향은 적어졌습니다.

유튜브의 긴 영상은 조회수를 얻기 어려운 대신 시청자에게 영향을 끼치는 시간이 길고, 유튜브 쇼츠의 짧은 영상은 조회수를 얻기 쉬운 대신 시청자에게 영향을 끼치는 시간이 짧다는 관계성이 있습니다.

지금까지 화제성을 중요시한 이유는 유튜브 쇼츠를 비즈니스에 이용하는 방법의 기본이 '인지도'이기 때문입니다. 유저가 비즈니스를 인지할 계기로써 사용할 수 있는 압도적인 인지도 매체기 때문입니다. 유튜브 쇼츠는 인지도 매체로 사용하는 것이 기본이라서, '떡상'이 되어 인지도를 얻지 못한다면 할 의미가 거의 없다고 말해도 과언이 아닙니다.

그래서 '대중에게 먹히는 콘텐츠'가 중요해지는 것입니다. 이왕 한 이상에는 높은 조회수를 얻고 싶으니까요.

대중에게 먹히는 콘텐츠

대중에게 먹히는 콘텐츠란 세상 사람 대부분이 반드시 흥미를 느낄 주제의 영상입니다. 연애, 미용, 일, 격투(폭력), 예능, 돈 등에 사람들은 관심을 보입니다.

마니악(Maniac)한 주제는 몇몇 사람에게는 반응이 좋을지 모르겠지만, 폭넓은 시청자에게 추천되어 확산될 때에는 반응이 급격히 떨어집니다. 그래서 도중에 확산도 조회수도 멈춥니다.

좀더 많은 사람이 관심을 가질 만한 주제라면, 어느 정도 폭넓게 추천되고 확산되어 반응률을 높은 수준으로 유지할 수 있습니다. 그러면 확산이 멈추지 않는 즉 '떡상'하는 현상에 이릅니다.

여기서 중요한 점이 영상 내용에 폭넓은 사람이 받아들일 수 있는 대중에게 먹히는 주제를 어떻게 담느냐는 겁니다.

가츠 도모미 대표의 실제 예를 들어 보겠습니다.

저는 온라인을 통해 가츠 도모미 대표의 인지도를 넓히기 위해 2021년 5월부터 업계 처음으로 유튜브 쇼츠를 사용하는 전략을 펼쳤습니다.

가츠 도모미 대표의 사업은 맞춤형 정장 사업입니다. 그렇다면 맞춤형 정장에 관한 콘텐츠를 만들고 싶겠지만, 보통 사람들은 맞춤형 정장에 큰 관심이 없습니다. 맞춤형 정장 콘텐츠를 만들어도 대중에게 먹히지 않는 건 당연한 일입니다.

그래서 가츠 도모미 대표의 콘텐츠 콘셉트를 '여성 롤 모델로 사는 법'으로 잡았습니다. 맞춤형 정장은 대중에게 먹히지 않지만 '여성 롤 모델로 사는 법'은 대중에게 꽤 먹히는 주제거든요.

콘셉트를 설계할 때 큰 힌트를 얻은 곳은 화류계 붐이었습니다.

2020~21년에는 엔리케, 아이자와 에미리, 몬료 등 예전 화류계 출신이 유튜브나 SNS에서 인기를 얻었습니다. 시청자는 대부분 여성이었습니다.

이 현상을 보고, 왜 예전 화류계 출신의 유튜브가 이만큼 인기를 얻을까 생각해 보았습니다. 그 대답은 '여성 롤 모델이 사는 법' 일부가 화류계가 사는 법과 일맥상통하기 때문입니다.

인기 화류계 여성을 다섯 가지 요소로 구체적으로 분석하면 다음과 같습니다.

- 귀여운 외모

- 자유롭게 쓸 수 있는 돈이 많다

- 인기가 너무 많아 더이상 돈 있는 남성에게도 굽히지 않는다

- '술집'이라는 의외로 여성에게 가까운 일

- 말을 잘한다

여성 중에는 시급이 높기 때문에 술집에 한 번쯤 흥미를 느낀 사람도 많습니다. 하지만 구체적으로 알아보거나 실제로 일해 보면, 그렇게 쉬운 세계가 아니고 큰돈을 편하게 만지는 일이 아니라는 사실을 알게 됩니다.

그러던 중,

압도적으로 일의 성과를 내고,

돈이 많고,

여자답고 아름답고 귀여운 것에 돈을 쓰고,

돈이 있는 남성과 대등한 관계를 맺고

말을 잘하고 내용도 재밌다.

이런 존재가 여성이 동경하는 존재 중 하나 아닐까요?

가츠 도모미 대표와 대화하면서 알아챈 점은 그녀는 이 붐과 비슷한 요소를 가지고 있다는 것이었습니다. 가츠 도모미 대표가 가진 요소를 앞서 설명한 화류계 붐을 일으킨 요소와 맞춰 보면 다음과 같습니다.

- 외모가 예쁘다

- 경영자로서 성공했고, 자유롭게 쓸 수 있는 돈이 많다

- 고객으로는 맞춤형 정장을 입으려는 경영자가 많다

- 맞춤형 정장은 가깝게 느껴지지는 않지만, 의류라는 카테고리로 묶으면 가깝게 느껴진다

- 말을 잘한다

저는 이 사실을 깨달았기 때문에 가츠 도모미 대표를 '동경할 만한 여성의 삶'을 콘셉트로 삼고 연출하기로 결정했습니다.

이 다섯 가지 요소를 강하게 어필하면서 일에 관한 고민을 중심으로 유튜브 쇼츠 콘텐츠를 만드니 '떡상'이 되었습니다.

아름다운 여성이 본 적 없는 멋있는 정장을 입고, 자신도 생각해 본 적 있는 일에 대한 고민에 재미있고 명쾌한 해답을 줍니다. 이 영상은 여성들에게 공감을 일으켰습니다. 가츠 도모미 대표는 압도적인 인기를 보유한, 여성이 동경하는 엘리트 여성 사장의 지위를 굳혔습니다.

가츠 도모미 대표의 맞춤형 정장은 맞춤형 정장업계에서도 꽤 단가가 높은 럭셔리 브랜드입니다.

럭셔리 브랜드의 본질도 '동경'합니다. 사실 이건 매우 잘 들어맞는 전략이있던 셈입니다.

그 결과 보시다시피, 채널 구독자 수 8천 명에서 단 3개월 만에 10만 명이 되었습니다.

유튜브 쇼츠 콘텐츠가 '떡상'하면서, 가츠 도모미 대표의 인지도가 오르고 그녀의 사업인 브랜드 'Re.muse'도 시청자들에게 알려졌습니다.

사람은 자신이 동경하는 사람을 따라 하고 싶어 하기 때문에 '가츠 도모미 대표와 같은 정장을 입고 싶은' 욕구 충동이 생겨나 많은 사람이 정장을 만들러 왔다고 했습니다.

사례 소개가 길어졌지만, 유튜브 쇼츠에서 '떡상'하려면 자신의 콘텐츠 내용을 어떻게 '대중에게 먹히는' 콘텐츠로 바꾸는지가 매우 중요합니다.

유튜브와도 일맥상통하지만, 저는 '자신과 회사가 가진 강점을 플랫폼의 특성에 맞춰 재구축하는 일이 중요하다'라는 사실을 매일 연출하는 사람들에게 전하고 있습니다.

이 사례는 맞춤형 정장을 판매하는 여성 사장을 럭셔리 의류 브랜드의 롤 모델 여성 시장으로 재구축한 사례라 할 수 있습니다.

최초 2초 안에 임팩트

유튜브 쇼츠에서 콘텐츠를 시청하게 만들려면 두 가지 벽이 존재합니다. 2초의 벽과 7초의 벽입니다.

유튜브 쇼츠의 알고리즘의 기본(91쪽)에서도 다뤘지만, 시청자는 추천받은 영상이 재생되고 나서 최초 2초 동안 볼지 말지를 판단합니다.

거기서 조금 재미있어 보이는 것 같으면 7초까지 봅니다.

그리고 그 7초 동안 다시 '정말 재밌나?'를 확인하고, '틀림없이 재미있을 것'이라고 판단하면, 그다음부터 영상을 쭉 본다고 통계적으로 알려져 있습니다.

이 최초 2초의 벽을 돌파하기 위해 필요한 것이 '임팩트'입니다.

영상에서 임팩트란 대체 무엇일까요?

임팩트는 글자 그대로 '충격'입니다. 시청자는 1초라도 낭비하지 않고 재미있게 시간을 보내고 싶기 때문에 영상이 재미있는지를 까다롭게 판단합니다. 그래서 최초 2초는 본능적으로 재미있다고 느끼도록 만드는 임팩트가 필요합니다.

여기서 본능을 끄는 임팩트를 만들어내 최초 2초를 넘길 수 있는 대표적인 패턴을 여섯 가지 소개합니다. 영상을 제작할 때 참고해 주십시오.

〈임팩트를 만들어 내는 영상의 여섯 가지 패턴〉

• 일상에서 볼 수 없는 희귀한 영상

• 귀여운 영상

• 멋있는 영상

• 반사회적인 영상

• 엄청나게 큰 이짐

• 보지 않으면 손해 보는 영상

일상에서 볼 수 없는 희귀한 영상

사람은 희귀한 것에 끌리는 본능을 가지고 있습니다. 일상에서 그다지 볼 일 없는 영상이 나오면, '이건 뭐야?'라고 사고가 정지되고, 그 사이 2초가 지나갑니다.

예를 들어 사람들이 본 적 없는 아름다운 해외의 경치가 갑자기 두둥! 하고 나오면, '우와! 여기 어디야?'라고 사고가 정지됩니다.

귀여운 영상

귀여운 것에 끌리는 건, 성별을 막론하고 알기 쉬운 본능입니다.

귀여운 여성이 갑자기 등장하면, 끌리는 남성이 많을 겁니다. 그래서 귀여운 여성이 춤추기만 해도 '떡상'하는 경우가 있습니다. 이건 유튜브 쇼츠나 틱톡 초기에 자주 일어난 현상입니다. 애완동물 영상이 쉽게 '떡상'하는 것도 같은 이유입니다. 애완동물 영상은 2초의 벽을 쉽게 돌파합니다.

멋있는 영상

멋있는 것에 끌리는 것도 사람의 이해하기 쉬운 본능입니다.

멋있는 남성이 갑자기 등장하면, 끌리는 여성이 많을 겁니다. 그 외에도 멋있는 차가 달리는 장면으로 시작하는 영상 등도 여기에 해당합니다.

반사회적인 영상

반사회적인 영상은 가장 임팩트 있는 패턴에 해당합니다. 사람에게는 반사회적인 요소를 띠는 것에 끌리는 본능이 있기 때문입니다.

예컨대, 미성년자에게 담배를 피우면 안 된다고 말하면 말할수록 미성년자는 담배를 피워 보고 싶어지는 반사회성 행동을 보이고, 불륜은 나쁜 짓이라고 알고 있는데도 저질러 버리기도 합니다.

격투 시합을 벌이는 영상이나 술집 또는 화류계 관련 영상도 반사회적인 영상에 해당합니다. 사람이 몹시 화를 내는 듯한 장면도 해당하고요. 감정을 노골적으로 드러내며 화를 내는 장면은 반사회적인 행동이자 임팩트가 최대화된 영상이라 할 수 있습니다.

그 외에도 벌레를 먹는 장면이나 보통 사회에서 좀처럼 보기 어려운 반사회적인 영상은 대부분 '떡상'한다고 말해도 과언이 아닙니다.

엄청나게 큰 이점

사람은 쉽게 결과를 보고 싶은 본능이 있기 때문에 '최대한 시간을 들이지 않고, 돈을 들이지 않고, 노력하지 않고 무언가를 얻을 수 있다'라는 사실은 큰 이점으로 다가옵니다.

예를 들어 '딱 1분만 팔을 문지르기만 해도 두 팔이 금방 3cm 얇아지는 방법!'을 들었을 때, 흥미를 느끼는 여성이 많을 겁니다. 그 외에도 '누구나 동사무소에 신청하기만 해도 100만 원 보조금을 받을 수 있다' 등, 자신이 이득을 볼 수 있을 듯한 내용으로 시작하는 영상은 일단 한 번 보려는 사람이 많습니다.

사람은 이득을 보는 것보다 손해를 입는 것을 무서워하는 본능을 가지고 있습니다.

예를 들어 '꼭 사지 않으면 손해 보는 GOD 화장품' '잘못 사면 큰 손해! 알아 둬야 할 의미 없는 뷰티용품' 등 알아 두지 않으면 손해를 볼 것 같다는 감정을 불러일으키면, 본능적으로 보게 됩니다.

어떠셨나요? 이런 패턴이 존재한다는 사실을 알아 두기만 해도 2초의 벽을 넘기 쉬워집니다.

유튜브 쇼츠에서 압도적으로 유리해지는 겁니다.

7초의 벽을 넘어라

2초의 벽을 넘으면, 시청자가 '정말로 이 영상은 마지막까지 볼 가치가 있는지'를 확인하는 시간이 발생합니다. 그게 시작부터 7초까지의 시간입니다. 즉 7초 동안 '마지막까지 보면 재미있을 것 같다!'라고 기대에 부풀게 하는 것이 중요합니다.

'마지막까지 보면 재미있을 것 같다!'라는 기대는 바꿔 말하면 '이거, 궁금해!'라고 시청자가 생각하는 겁니다.

이 생각은 영상을 보고 결말을 상상할 수 없을 때 발생합니다.

상상할 수 없는 결말을 만들어내는 영상의 주요 아홉 가지 패턴을 소개하겠습니다.

> 〈상상할 수 없는 결말을 만들어내는 아홉 가지 패턴〉
>
> • 일반론을 부정하는 데서 시작한다
>
> • 전후 비교
>
> • 실험 결과
>
> • 찬반이 나뉘는 주제에 대한 권위자의 의견
>
> • 완성물이 궁금한, 평소에는 볼 수 없는 것의 제작 공정
>
> • 평소에는 볼 수 없는 다른 사람의 사생활
>
> • HARM법칙 주제 관련 순위 형식
>
> • HARM법칙 주제를 모르면 손해를 볼 게 예상되는 내용
>
> • HARM법칙 주제로 크게 이득을 볼 가능성이 있는 내용

일반론을 부정하는 데서 시작한다

일반론을 부정하는 데서 시작하는 경우, 시청자는 자신이 가진 상식이나 사고방식을 부정당하니 좋지 않은 기분이 들며 동요합니다. 감정이 동요하면서, 마지막 의견을 들어 보자는 마음이 들죠.

예를 들어 '여성에게 상냥하게 굴수록 매력이 떨어진다'라고 영상이 시작할 경우, 많은 사람이 이 영상을 끝까지 보게 됩니다. 세상에는 여성에게 상냥하게 굴어야 한다고 믿는 사람이 대부분이니, 많은 사람이 끝까지 영상을 보는 현상이 일어납니다.

전후 비교

전후 비교는 변화의 차이를 즐기는 콘텐츠로써 가장 알기 쉬운 콘텐츠입니다.

예를 들어 '뚱뚱한 여성이 다이어트한 결과'라는 영상에서 변화 후 아름다워진 모습의 사진을 보여주기만 해도 시청자는 '이거, 궁금해!'라고 생각합니다. 그래서 계속 보게 됩니다. 전후 비교는 가장 쉽게 '떡상'하는 콘텐츠 중 하나입니다.

실험 결과

상상할 수 없는 실험의 결과를 보고 싶다는 시청자가 매우 많습니다.

예를 들어 '기생충이 있는 물고기에게 전기충격기를 대면 기생충은 죽을까? 실험해 봤다'라는 영상을 만든 경우, 결말이 궁금해 끝까지 보는 사람이 많습니다.

'실험'이라는 단어는 실천도 쉽고, '떡상'하기 쉬운 주제 중 하나입니다.

찬반이 나뉘는 주제에 대한 권위자의 의견

보통 절대적으로 옳은 답이 없는 찬반이 나뉘는 주제는 매우 '떡상'하기 쉽습니다.

예를 들어 '데이트에서 남성이 데이트 비용을 지불해야 할까?'라는 주제는 의견이 극명하게 갈려요.

다만 찬반론이라는 주제에 대해서는 '누가 의견을 말하는지'가 매우 크게 영향을 끼칩니다. 정답이 없기 때문에 대중은 권위 있는 사람의 답에 의지하고 싶어 합니다.

완성물이 궁금한 평소에는 볼 수 없는 것의 제작 공정

대부분의 사람이 회사원이나 전업 아르바이트생 등 고용인으로서 일하기 때문에 자신의 일에 관련된 전문 분야 외에는 좀처럼 볼 기회가 없습니다. 자신이 평소에 볼 일이 없는 전문가의 제작 공정은 '떡상'하기 쉽습니다.

예를 들어 볶음밥 달인인 전문 중국요리사가 볶음밥을 만드는 영상조차, 일반인은 눈에 익지 않은 광경일 겁니다. 그래서 일련의 과정과 결말을 보고 싶어 합니다. 그 밖에 전문성이 높은 예술이나 제작 공정 등은 더욱 볼 일이 없습니다. 그래서 완성물이 어떤 공정으로 완성되는지 보고 싶다는 호기심을 자극할 수 있습니다.

평소에는 볼 수 없는 다른 사람의 사생활

사람은 다른 사람의 눈이나 움직임을 궁금해하는 습성이 있어서, 다른 사람의 내밀한 사생활을 궁금해합니다.

예를 들어 급여명세서를 공개하는 영상 콘텐츠는 100% '떡상'한다고 말해도 과언이 아닙니다. 다른 사람의 급여명세서를 샅샅이 살펴볼 기회가 기본적으로 없다 보니, 자신과 어떤 차이가 있는지 궁금해 영상을 보는 사람이 대부분입니다. 다른 사람의 집안도 볼 기회가 한정되어 있어서, 온라인 집들이 영상이 채널을 키우기 좋은 이유기도 합니다.

HARM법칙이란 많은 고민이나 문제가 다음 네 가지 범주로 분류된다는 법칙입니다.

〈HARM 법칙〉

H : Health ··· 건강, 미용, 외모

A : Ambition ··· 장래, 꿈, 커리어

R : Relation ··· 인간관계, 연애, 결혼

M : Money ··· 돈

이 주제로 순위 형식의 영상을 만들면, 많은 시청자는 '상위 랭킹이 궁금해!'라고 호기심을 키울 겁니다. 사람은 자신이 관심 있는 주제에 강한 흥미를 보이기 때문에 HARM법칙으로 분류되는 주제는 매우 많은 사람에게 관심을 집중시킬 겁니다.

예를 들어 '2023년 대졸 신입사원의 초봉이 높은 기업 순위 TOP 10'이라는 주제에서는 대중이 흥미를 보이는 연봉을 키워드로 삼았습니다. 순위 형식 영상은 사람들이 최상위 기업을 알고 싶다는 흥미를 불러일으키기 때문에 높은 조회수를 얻기 쉽습니다.

HARM법칙 주제를 모르면 손해를 볼 게 예상되는 내용

HARM법칙을 주제로 영상의 서두에 '모르면 손해를 본다'라는 의미의 말을 던지면, '결말까지 봐야 해!'라고 느끼는 시청자가 늘어납니다. 사

람은 본능적으로 '이득보다 손해를 보고 싶지 않은' 감정이 강한 생물이기 때문입니다.

예를 들어 '알아 두지 않으면 손해를 보는, 나라에서 받을 수 있는 다섯 가지 보조금'이라는 주제는 '알아 두지 않으면 손해를 볼 거야'라는 감정을 요동치게 만들기 쉽기 때문에 높은 확률로 마지막까지 영상을 볼 겁니다.

HARM법칙 주제로 크게 이득을 볼 가능성이 있는 내용

HARM법칙에 대해 '최대한 노력하지 않고, 시간을 들이지 않고, 돈을 들이지 않는' 큰 이득을 지닌 내용도 사람들에게는 매력적입니다. 앞에서 말씀드린 대로, 사람은 이득보다 손해를 보고 싶지 않기 때문입니다.

예를 들어 '마시기만 해도 살이 빠지는 5천 원짜리 보충제'라는 말을 듣고 귀가 쫑긋하는 건, HARM법칙과 '최대한 노력하지 않고, 돈을 들이지 않고 싶은 마음'을 자극하기 때문입니다.

이 아홉 가지 패턴을 고려하면, 7초의 벽을 넘어 결말까지 보고 싶다는 욕구를 자극하기 쉬워집니다. 이렇게 2초와 7초의 두 가지 벽을 돌파하면, 다음으로 설명할 유튜브 쇼츠의 알고리즘에서의 중요한 평가 기준을 높은 수준으로 만족시킬 수 있습니다.

유튜브 쇼츠에서 '떡상'하려면, 루프가 일어나기 쉬운 영상이 절대 조건입니다. 루프란 유튜브 쇼츠의 영상을 마지막까지 봤을 때 자동으로 두 번째 재생이 시작되는 것을 가리킵니다.

이 절대 조건의 원리를 이해하기 위해, 먼저 유튜브 쇼츠의 영상 평가 기준을 알아보겠습니다.

〈유튜브 쇼츠의 평가 기준〉

• 평균 시청 시간

• 평균 시청 유지율

• 마지막까지 보고 루프한 비율

• 유저의 반응(높은 평가율·댓글 비율·공유 수·디시 보기 증가)

평균 시청 시간

평균 시청 시간이란 업로드한 영상을 시청자가 평균 몇 초 보는지 나타내는 지표입니다.

플랫폼 운영자는 시청자가 긴 시간 플랫폼에 머무르는 게 광고 매체로써의 가치로 연결되기 때문에 시청자가 최대한 길게 영상을 보길 바랍니다. 그래서 평균 시청 시간이 긴 콘텐츠는 평가를 높게 받기 쉽고, 예외 없이 '떡상'하기 쉬운 콘텐츠가 됩니다.

평균 시청 유지율은 시청자가 그 영상을 몇 퍼센트 시청했는지 나타내는 지표입니다. 평균 시청 시간 ÷ 영상 콘텐츠 초수로 계산합니다. 예를 들어, 총 50초 영상에 대해 평균 시청 시간이 40초일 경우, 평균 시청 유지율은 80%입니다.

평균 시청 시간		영상 콘텐츠 시간		평균 시청 유지율
40초	÷	50초	=	0.8(80%)

여기서 중요한 포인트는 유튜브 쇼츠에서는 평균 시청 유지율의 최대치가 100%가 아니라는 점입니다.

앞에서 말씀드린 대로, 유튜브 쇼츠는 영상을 마지막까지 보면 자동으로 두 번째 재생이 시작되는 구조로 이루어져 있습니다. 이 루프 구조가 특징이기 때문에 마지막까지 본 시청자가 많으면 루프가 발생하고, 50초 길이의 영상이라도 60초, 70초라는 시청 시간을 만들 수 있습니다. 즉 영상의 길이보다 시청 시간이 길어질 수 있다는 뜻입니다.

50초 영상이 루프를 포함한 평균 시청 시간이 60초가 된다면 평균 시청 유지율은 110%가 됩니다.

평균 시청 시간		영상 콘텐츠 시간		평균 시청 유지율
60초	÷	50초	=	1.1(110%)

이렇게 평균 시청 유지율이 100%를 넘는 콘텐츠는 유저를 길게 플랫폼에 머무르게 만드는 요소이기 때문에 당연히 높은 확률로 '떡상'이 됩니다.

마지막까지 보고 루프한 비율

루프가 발생한 경우, 유튜브 쇼츠의 AI는 유저가 재미있다고 느꼈으니 '한 번 더 보고 싶어!'라는 감정이 일어났다고 판단합니다. 그래서 영상의 가치가 대폭 올라갑니다.

유저의 반응(높은 평가율·댓글 비율·공유 수·다시 보기 증가)

유저의 반응은 평가에 당연히 중요합니다. 유저의 반응이란 높은 평가, 댓글 비율, 공유 수, 다시 보기 수를 나타냅니다. 시청자의 감정이 얼마나 움직였는지를 판단합니다.

이렇게 시청자가 영상에 끌렸는지는 평균 시청 시간, 평균 시청 유지율, 마지막까지 보고 루프한 비율로 평가됩니다.

그 영상을 통해 얼마나 감정이 움직였는지는 높은 평가율·댓글 비율·공유 수·다시 보기 증가로 평가합니다.

이 로직을 파악하는 게 유튜브 쇼츠에서 이기기 위한 가장 중요한 항목입니다.

유튜브 쇼츠는 일정량 업로드한 후에
1개월 늦게 '떡상'하기 시작한다

여러분이 여기까지 설명한 요소를 이해하고 평가를 얻을 수 있는 영상을 만들었다 해도, 영상을 업로드하고 바로 '떡상'하지는 않습니다.

새로 개설된 유튜브 채널에는 AI 학습 기간이 존재합니다. 학습 기간이란 AI가 '이 채널의 영상을 누구에게 추천하면 높은 확률로 좋아할지'를 조사하는 기간입니다.

이 기간에 AI는 여러 시청자에게 영상을 테스트 노출합니다. 그리고 앞의 네 가지 평가 기준을 바탕으로 평가하면서, 흥미를 느끼는 시청자층을 특정합니다.

시청자에게서 평가를 모으는 과정에서 쇼츠는 '떡상'할 수 있습니다. 즉 업로드하고 바로 영상이 '떡상'하지 않는다는 점을 기억해 두십시오.

어디까지나 저의 경험담이지만, 유튜브 쇼츠는 영상의 질이 좋으면 업로드를 시작하고 나서 1개월 전후로 급격히 '떡상'하기 시작하는 경우가 많았습니다. 처음에 조회수가 나쁘더라도 포기하지 말고, 묵묵하고 꾸준히 영상을 계속해서 올려 주십시오.

비즈니스 브랜딩과 인지도 관련 영상을 성공시키는 비결은 '압축'

다음으로 부딪히는 벽은 '떡상하는 구조를 어떻게 이용하고 자신의 비즈니스와 어떻게 연결을 시키는'가 문제입니다.

이 문제를 해결하기 위한 중요한 포인트를 말씀드리겠습니다.

콘텐츠를 만들 때는 내용을 '압축'해야 합니다.
'압축'이란 한마디로 1분 안에 중요한 포인트를 최대한 담아내는 것입니다.

유튜브와 다르게, 유튜브 쇼츠는 최대 1분이라는 시간제한이 있습니다. 이 1분이라는 숫자는 비즈니스 콘텐츠에 매우 유리합니다.

현실적인 이야기를 하자면, 유튜브에서 영상을 보는 유저는 재미를 추구하는 사람이 대부분이라, 비즈니스 관련 영상 콘텐츠는 90% 이상 지루해합니다.
유익하고 전문성이 높은 비즈니스에 관한 진지한 영상을 열심히 봐주는 사람은 원래 그 분야에 흥미나 관심이 높았던 유저뿐입니다. 일반적인 대중은 그런 콘텐츠에 눈길도 주지 않습니다.

즉 '내 서비스를 세상에 알리고 싶다!' '내 존재를 더 알리고 싶다!'라는 목적으로 진지하고 유익한 전문 분야 영상을 만들더라도 인지도를 올리는 효과는 매우 낮습니다.

그래서 유튜브 쇼츠를 이용해야 합니다. 1분 안에 내용을 '압축'하면 재미없는 진지하고 유익한 콘텐츠도 재미있어지는 경우가 대부분입니다.

예를 들어 당신이 의사인데, 당뇨병에 관한 전문적인 의학 지식이나 예방에 대해 유튜브에서 10분 동안 진지하게 이야기했다고 칩시다.

이 콘텐츠를 보는 사람은 이미 당뇨병 증상을 보이는 사람이나 현재 당뇨병에 걸린 사람뿐일 겁니다. 특히 건강을 고민하지 않는 젊은 사람은 그런 영상보다 관심 있는 아이돌의 영상을 보는 쪽이 더 재미있다고 생각합니다.

당뇨병이라는 주제는 인생이 길다는 생각을 가지고 본다면 중요한 이야기고, 누구나 예방하고 극복할 수 있는 병도 아닙니다.

그래도 10분은 길어요. 하지만 만약 1분 안에 중요 포인트만 가르쳐 준다면 들어 두면 좋겠다는 사람은 꽤 많습니다.

즉 10분 영상에는 눈길도 주지 않던 사람이 1분이라면 흥미를 보일 확률이 올라갑니다. 이게 유튜브 쇼츠의 가능성입니다.

정리하자면 유튜브 쇼츠를 비즈니스에 활용하려면 '원래 10분이라면 듣고 싶지 않은 진지한 이야기를 1분 안에 압축시켜 시청자가 듣고 싶게 만들어야' 합니다.

깊은 흥미를 보이는 사람을 위해 유튜브의 긴 영상도 만들어야 합니다. 유튜브 쇼츠는 이 흐름을 만듭니다.

이 방식을 응용해 만든 게 미키 나오코 선생 @치과의사의 유튜브 채널입니다.

치아에 관한 진지한 영상을 유튜브에 올리더라도 아무도 보고 싶지 않을 겁니다. 그래서 누구나 한번은 생각해 본 적 있을 법한 치아에 관한 고민을 해결하는 콘텐츠를 1분으로 압축해 매일 업로드했습니다.

그 결과 이 채널은 개설 후 2개월 만에 구독자 3만 명을 달성했습니다. 지금은 온라인에서 가장 꽉 찬 내용으로 가장 좋은 브랜딩을 구축한 치과의사가 되어 많은 팬을 모으는 데 성공했습니다.

'압축'하면 재미있어 진다.

이게 바로 영상 제작의 본질입니다.
정보는 압축하면 압축할수록, 밀도가 높아져 재미있어 집니다.

당신이 하고 싶은 일, 전하고 싶은 말을 시청자가 흥미를 느낄 수 있는 형태로 1분 안에 담아 보십시오. '1분'을 꼭 기억하세요.

9 틱톡에서 '떡상'하기 위한 알고리즘의 원리원칙과 '떡상'하는 콘텐츠를 만드는 방법

틱톡과 유튜브 쇼츠는 거의 똑같다

제목 그대로, 틱톡에서 '떡상'하기 위한 알고리즘의 원리원칙과 '떡상'하기 위한 콘텐츠를 만드는 방법은 유튜브 쇼츠와 거의 똑같다고 생각해도 됩니다.

유튜브 쇼츠는 최대 1분의 세로형 영상인 데 반해 틱톡은 최대 10분까지 올릴 수 있다는 점이 다르기는 합니다. 하지만 지금은 둘 다 1분 이내 영상이 대부분입니다.

유튜브 쇼츠에서 '떡상'하는 1분 이내 콘텐츠는 틱톡에서도 대부분 '떡상'합니다. 그 반대도 마찬가지라서, 틱톡에서 '떡상'하는 1분 이내 콘텐츠는 유튜브 쇼츠에서도 높은 확률로 '떡상'합니다.

다만 유튜브 쇼츠와 틱톡은 운영진의 지침에 따라 '떡상'하는 법에 약간 차이가 있으니, 이번 장에서는 그 차이를 중심으로 설명하겠습니다.

'떡상'하는 콘텐츠를 만들 때 고려해야 할 점은 유튜브 쇼츠와 같기 때문에 콘텐츠를 만드는 법은 유튜브 쇼츠 설명을 참고해 주십시오.

틱톡은 업로드한 콘텐츠가 재미있으면, 신규 계정의 첫 번째 콘텐츠부터 '떡상'할 수 있습니다. 첫날 갑자기 100만 조회수를 달성하는 일도 충분히 있을 수 있습니다.

틱톡 알고리즘의 기본은 처음에 200명에게 랜덤으로 영상을 추천하고, 그 200명이 좋은 반응을 보이면 500명에게 추천합니다. 또 그 반응이 좋으면 1천 명, 3천 명, 6천, 1만, 2만, 3만, 5만, 10만…… 같이, 반응이 계

틱톡의 알고리즘

계정주기 업로드

틱톡 유저 200명에게 랜덤으로 표시
좋아요, 댓글 등 반응이 좋은 경우

틱톡 유저 500명에게 랜덤으로 표시
500명에게도 좋아요, 댓글 등 반응이 좋은 경우

틱톡 유저 1,000명에게 랜덤으로 표시

3,000명, 6,000명, 10,000명, 20,000명…
점점 영상이 확산되어 간다

속 좋으면 점점 추천해 나가는 구조입니다.

틱톡은 신규 계정을 포함해 모두에게 기회가 주어지는 플랫폼입니다. 즉, SNS를 처음 이용하는 사람한테 처음부터 결과를 내기 가장 쉬운 플랫폼입니다.

반대로 말하면, 계정이 성장하고 팔로워가 늘었다 하더라도 재미없는 영상을 올리면 기존 팔로워에게조차 노출되지 않습니다. 10만 팔로워를 보유해도 영상이 5천 회도 재생되지 않는 경우도 일상다반사입니다. 늘 평등한 플랫폼입니다.

한편 유튜브 쇼츠는 앞에서 설명한 대로, AI의 학습 기간이 존재해서 제작한 콘텐츠가 누구에게 먹힐지를 소수에게 추천하면서 잠시 테스트합니다.

단정할 수 없지만 약 1개월 전후로 AI가 학습하고, 그 기간에 반응이 좋은 시청자층이 특정되면 조회수가 늘어나기 시작합니다.

이 학습 기간의 유무에 따라 같은 콘텐츠를 만들어도 틱톡은 당일이나 다음 날 '떡상'하고, 유튜브 쇼츠는 늦게 '떡상'하는 현상이 일어납니다.

온라인 마케팅에 능숙한 사람 중에도 이 차이를 이해하지 못하는 사람이 매우 많습니다. 그래서인지 '떡상'하지 않는다며 유튜브 쇼츠를 그만두고 틱톡에 전념하는 사람이 줄을 잇습니다.

하지만 어차피 1분 이내 콘텐츠를 만든다면, 플랫폼의 특성을 각각 이해한 뒤 두 플랫폼에 계속해서 업로드하는 게 현명합니다.

경쟁자의 진입장벽을 의식해라

비즈니스에서 매우 중요한 요소 중에 '경쟁자의 진입장벽'이라는 요소가 있습니다. 진입장벽이란 신규 진입을 막는 장애 요소를 의미합니다.

비즈니스를 할 때는 자신이 성공한 뒤 누군가 나를 '따라 하는' 것을 늘 경계해야 합니다. 같은 서비스나 상품이 여럿 나타나면 여차해서는 니즈가 있는 고객의 대부분을 빼앗겨 버리기 십상이기 때문입니다. 베끼기 쉬운 것을 판매하는 비즈니스는 길게 존속되기 어렵습니다.

이것은 비즈니스에서 SNS를 활용할 때도 같습니다.

틱톡은 업로드 첫날부터 '떡상'하기 때문에 많은 사람이 비즈니스에 활용하는 것을 선호합니다.

하지만 1분 이내의 숏폼은 경쟁자가 따라 하기 쉽다는 특징이 있습니다. 1분 영상을 만드는 것이 비교적 간단합니다.

1분 기획과 구성, 1분 대본, 1분 촬영, 1분 영상 편집입니다. 이것은 10분 영상을 만드는 데 비해 난이도가 매우 낮습니다.

게다가 틱톡은 첫날부터 '떡상'할 수 있기 때문에 결과를 빠르게 낼 수 있다는 장점도 있지만, 경쟁자도 결과를 빠르게 낸다는 단점도 있습니다.

유튜브 쇼츠는 '떡상'하기 시작하기까지 시간이 걸리기 때문에 경쟁자도 금방 '떡상'할 수는 없습니다. 이것은 각 플랫폼의 장점이자 단점입니다.

그래서 '경쟁자의 진입장벽'을 생각하는 것이 기본 중의 기본입니다.

틱톡에서 빠르게 '떡상'이 된 뒤에 진입장벽이 조금 높은 유튜브 쇼츠에도 도전하면 경쟁자가 시장에 진입할 때의 문턱을 높일 수 있습니다.

각 플랫폼의 차이를 이해하고 두 플랫폼을 병용하는 합리적인 판단을 내립시다.

틱톡은 유튜브 쇼츠에 올리지 않는 콘텐츠를 우대하기 시작했다

앞에서 유튜브 쇼츠를 그만두고 틱톡에 전념하는 사람도 있다고 했는데, 거꾸로 틱톡에 업로드한 콘텐츠를 유튜브 쇼츠에도 업로드하는 사람도 많습니다.

현재 틱톡은 이 흐름을 막을 수 없다고 인정하면서도 막고 싶어 합니다. 틱톡의 유저가 유튜브 쇼츠로 흘러가 버리는 현상이 일어나기 때문입니다.

틱톡은 중국에서 탄생한 세로형 숏폼 플랫폼의 원조로 엄청난 속도로 유저를 늘렸습니다.

그 결과 유튜브가 독점하던 동영상 시장을 먹어치우고 유튜브와 같은 수준의 플랫폼으로 성장했습니다.

초조함을 느낀 유튜브가 대항해 만든 플랫폼이 유튜브 쇼츠입니다.

유튜브 쇼츠가 보급될수록 틱톡은 강점이었던 1분 세로형 숏폼이라는 차별화 포인트를 잃고 기세가 떨어져 버렸습니다.

틱톡과 유튜브 쇼츠에 같은 영상이 있다면, 유튜브를 주로 사용하는 유저는 일부러 틱톡에 들어가지 않고 유튜브 쇼츠에서 그대로 시청하는 편을 선택할 겁니다.

유튜브는 말할 것도 없이 세계 최대의 영상 플랫폼이라서, 틱톡과 함께 이용하는 유저도 많습니다. 그러면 틱톡은 유저가 줄고 광고 수입을 벌 수 없어 곤란해집니다.

그래서 틱톡은 '어떻게 틱톡만의 오리지널 콘텐츠를 늘릴지'를 생각해 냈습니다.

콘텐츠를 평가하는 알고리즘에 한 가지 세공(細工)을 넣었습니다.

틱톡이 콘텐츠를 평가하는 기준은 주로 다음 네 가지입니다.

〈틱톡의 평가 기준〉

• 평균 시청 시간

• 평균 시청 유지율

• 마지막까지 보고 루프한 비율

• 유저의 반응(높은 평가율, 댓글을 단 비율, 공유 수, 반복 재생 증가)

이 평가 기준은 유튜브 쇼츠와 동일합니다. 그래서 유튜브 쇼츠에서 '떡상'하는 콘텐츠와 틱톡에서 '떡상'하는 콘텐츠를 만드는 방법이 같은 겁니다.

하지만 틱톡은 '마지막까지 보고 루프한 비율'이라는 평가에 세공을 넣었습니다. 그 세공이란 1분이 넘어가는 영상에게 더 후한 평가를 주는 겁니다.

유튜브 쇼츠는 최대 1분까지만 영상을 올릴 수 있습니다. 1분이 넘는 영상은 유튜브에서 재생해야 합니다. 유튜브 쇼츠에서 조회수를 얻기 위해서는 반드시 세로형이면서 1분이 넘지 않는 영상을 올려야 합니다.

한편 틱톡은 최대 10분까지 업로드할 수 있습니다.
이때, 틱톡이 유튜브 쇼츠와 겹치지 않는 틱톡만의 오리지널 콘텐츠를 늘리는 가장 좋은 방법은 1분에서 2분 사이의 영상을 우대하는 거였습니다.

만약 1분 30초 영상을 만들어 틱톡에 올린다면, 1분 이내 영상보다 우대를 받아 마지막까지 본 비율이 적더라도 '떡상'으로 만들어 주는 조정이 들어갑니다.

만민 이 1분 30초 영상을 유튜브에 업로드한 경우, 유튜브 쇼츠가 아니라 평범한 유튜브 영상 취급을 받습니다.

여기서 유튜브의 영상 평가 기준을 떠올려 봅시다. 유튜브는 평균 시청 시간이 긴 콘텐츠가 오랜 시간 시청자를 매혹시켰기 때문에 높은 평가를 얻기 쉬운 구조입니다.

1분 30초 영상은 평균 시청 시간이 1분 전후가 되기 쉬워서, 평균 시청 시간이 짧으니 평가가 낮아집니다. 그러면 유튜브의 평범한 영상으로써는 '떡상'하기 어렵습니다.

틱톡에서는 영상 업로드를 시작한 당일에도 '떡상'할 수 있습니다.

계정주도 사람인지라, 틱톡에서 '떡상'하고 유튜브 쇼츠에서는 '떡상' 하지 않는다면 '틱톡에만 영상을 업로드하면 되겠다'라는 마음을 먹을 수 있습니다.

그래서 현재 틱톡은 1분이 소금 넘는 영상에게 더 높은 짐수를 매긴다는 짐을 꼭 기억해 두십시오.

다만 이건 1분 이내 영상이 '떡상'하지 않는다는 의미는 아닙니다. 1분 이내 영상이라도 질이 좋으면 '떡상'하기 때문에 이 경우에는 유튜브 쇼츠에도 함께 업로드해 보십시오.

'나는 틱톡에서만 싸울래!'라는 각오를 세웠다면, 알고리즘의 이점을 살리기 위해 1분이 넘는 영상도 적극적으로 올리는 것이 좋습니다.

제4장

온라인 마케팅에서 인지도를 쌓는 법 ~인스타그램 편~

인스타그램에서 '떡상'하기 위한 알고리즘의 원리원칙과 '떡상'하는 콘텐츠를 만드는 방법

인스타그램은 지금까지 소개한 유튜브, 유튜브 쇼츠, 틱톡과는 다르게 사진(정지 화면)이 주류를 이루는 SNS 플랫폼입니다.

2014년경부터 폭발적으로 확산되었고, 2017년에는 '인스타바에(인스타그램에서 사진이 예뻐 보이게 해 주는 필터를 의미)'라는 말이 유행어 대상을 수상하는 등 지금도 유저가 계속해서 늘어나고 있습니다.

인스타그램도 이 책에서 중요하게 생각하는 AI 알고리즘이 '떡상'을 만들어 주는 플랫폼 중 하나입니다. 하지만 제2장의 서두에서 설명했다시피 인스타그램은 '아무래도 영상을 만드는 건 무리야!'라는 사람만 비즈니스에 활용했으면 하는 플랫폼입니다. 우선순위는 유튜브, 유튜브 쇼츠, 틱톡 다음입니다.

인스타그램을 비즈니스에 활용하고 '떡상'하기 위해서는 다음 두 가지 패턴만 존재합니다.

〈인스타그램에서 '떡상' 하는 방법〉

- 업로드한 피드가 둘러보기 탭에서 '떡상'한다
- 릴스 영상으로 '떡상'한다

다음부터는 저자가 운용한 실제 예시와 함께 인스타그램에서 '떡상'하기 위한 두 가지 패턴을 설명하겠습니다.

업로드한 피드가 둘러보기 탭에서 '떡상'한다

인스타그램 어플리케이션에 접속하면, 하단에 돋보기 버튼이 존재합니다. 그 돋보기 버튼을 누르면, 인스타그램이 유저마다 흥미를 보일 가능성이 높은 콘텐츠를 추천해 주는 기능이 있습니다. 바로 둘러보기 탭입니다.

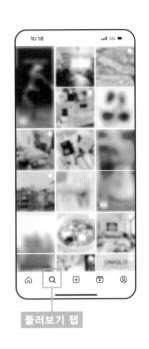

둘러보기 탭

둘리보기 탭에서는 '아직 팔로우하지 않은 계정이 업로드한 흥미를 느낄 법한 피드'를 표시해 주기 때문에 둘러보기 탭에 추천되면 단숨에 조회수가 늘어나고 피드가 '떡상'하는 현상이 일어납니다.

즉 인스타그램에서 '떡상'하기 위해서는 어떻게 하면 둘러보기 탭에 나올지 생각해야 합니다.

저는 2021년 10월부터 실험용 뷰티 계정을 준비해 이 가설을 검증해 왔습니다. 이 계정은 업계 내에서 둘러보기 탭에 피드를 가장 많이 노출시키는 데 성공했고, 팔로워 수 10만 명을 달성했습니다. 또 재성공률을 검증하기 위해 다른 신규 계정을 동시에 여러 개 만들어 실험한 결과, 같은 성과를 얻는 데 성공했습니다.

인스타그램도 다른 플랫폼처럼 유저의 피드를 평가하고, 높은 평가를 받은 피드를 둘러보기 탭에 노출시켜 줍니다.

평가 포인트는 다음 다섯 가지입니다.

〈인스타그램의 평가 포인트〉

- 팔로워 수 대비 좋아요 비율이 높다
- 팔로워 수 대비 보관 비율이 높다
- 팔로워 수 대비 댓글 비율이 높다
- 유저의 평균 체류 시간이 길다
- 피드를 본 유저가 프로필로 이동해 다른 피드도 보는 비율이 높다

이 다섯 가지 포인트를 인스타그램이 우대하는 이유는 단순합니다.

인스타그램은 인스타그램을 이용해 주는 사람의 체류 시간이 길기를 바라기 때문입니다. 인스타그램에서는 기본 평가 기준 네 가지(65쪽) 중 평균 시청 시간과 유저의 반응 두 가지 평가를 특히 중요하게 여겨서, 이 두 가지 평가가 높은 피드를 우수한 콘텐츠라 판단합니다.

두 가지 평가 기준을 만족하는 피드는 곧 다섯 가지 평가 포인트를 만

족하는 피드이기 때문에 그 포인트를 얻기 위해 어떤 방법을 사용하면 좋을지를 생각하면 인스타그램을 쉽게 공략할 수 있습니다.

유저의 반응을 얻기 위한 방법은 다음 다섯 가지가 있습니다.

〈인스타그램의 반응률을 높이기 위한 다섯 가지 원칙〉

• 수요 조사

• 알기 쉬운 계정 콘셉트

• 진성 팔로워 모으기

• 첫 번째 이미지는 13글자까지, 폰트는 크게

• 이미지 10장 업로드는 필수

수요 조사

수요 조사는 유튜브에서 말한 '낚시'의 개념과 똑같습니다. 시청자의 흥미가 높고 이미 수요가 보증된 주제로 피드를 올려야만 성장할 수 있습니다.

시청자가 높은 확률로 흥미를 느끼는 주제는 바로 앞 장에서도 소개한 HARM법칙(105쪽) 장르입니다.

HARM법칙 관련 주제 중 특히 시청자의 흥미가 높은 콘텐츠를 가리기 위한 조사를 하면 다섯 가지 평가 포인트를 얻기 쉬워졌습니다.

조사할 때에는 유튜브를 활용하십시오. 유튜브에는 '조회수'라는 공개되고 알기 쉬운 지표가 있으니, 그 콘텐츠가 얼마나 수요가 있는지 볼 수 있습니다.

예를 들어 당신이 뷰티라는 주제로 콘텐츠를 준비하는데, 타깃을 40대 여성으로 정했다고 칩시다.

이때, 유튜브에서 '40대 여성'이라 검색해 보십시오. 그러면 40대 여성을 타깃으로 한 영상 콘텐츠가 검색 결과(추천)로 많이 나타날 겁니다.

그중에는 높은 확률로 40대 여성 뷰티 콘텐츠를 먼저 제작한 유튜브 채널이 있을 겁니다. 그 채널의 동영상 탭에 들어가 '인기순' 버튼을 클릭하십시오.

조회수가 높은 순으로 영상이 정렬되면, 특히 조회수가 높은 콘텐츠의 공통점을 분석해 보십시오.

분석 결과, 다음과 같은 공통점이 있다고 칩시다.

- '저렴이'를 사용한 스킨케어는 높은 조회수를 보이는 경향이 있다.
- 최대한 돈을 쓰지 않고 할 수 있는 손 마사지 관리 관련 조회수가 높다.
- 0살 동안이라는 키워드가 섬네일에 들어가면 조회수가 늘어난다.

이 분석 결과가 타깃이 특히 흥미를 보이는 콘텐츠에 대한 대답입니다.

위와 같은 경향을 해석해 보면, 40대 여성은 '최대한 돈을 쓰지 않고 할 수 있는 스킨케어를 통해 어려 보이고 싶어'합니다.

그렇다면 이 주제를 표현한 콘셉트 주제로 계정을 만들어 콘텐츠를 제작하면 되겠습니다.

알기 쉬운 계정 콘셉트

콘셉트란 제1장에서 설명한 대로 '누구에게 어떤 미래를 전달할 것인지'입니다.

예를 들어 앞에 나온 40대 여성이 좋아하는 뷰티 콘텐츠의 수요 조사 결과가 '최대한 돈을 쓰지 않고 할 수 있는 스킨케어를 통해 어려 보이고 싶은 것'이라면 '돈을 쓰지 않고 10살 어려 보이는 40대 스킨케어'라는 알기 쉬운 콘셉트를 잡는 것이 중요합니다.

이 콘셉트가 유저에게 전해지면, 유저는 '이 사람의 콘텐츠를 보면 나도 돈을 들이지 않고 어려 보일 수 있겠어!'라고 생각하고 '좋아요'를 누르거나 팔로우를 해 줍니다.

똑같은 방식으로 40~50대 여성을 타깃으로 '10살 동안'이라는 주제의 뷰티 계정을 만든 결과, 그 계정은 개설하고 나서 1년 3개월 뒤 10만 팔로워를 달성했습니다.

진성 팔로워 모으기

계정을 개설한 초기에 중요한 점은 '진성 팔로워'를 찾는 겁니다.

'진성 팔로워'란 뭘까요?

'진성 팔로워'란 나의 피드를 꼼꼼히 볼 확률이 높고, 좋아요·보관·댓글 등 반응을 보여줄 가능성이 높은 팔로워를 의미합니다.

인스타그램은 '좋아요'나 '보관' 등 반응 비율이 높은 피드가 우대됩니다. 이 '진성 팔로워'를 초기 단계에 제대로 모아 두지 않으면 계정은 '떡상'할 수 없습니다.

'나의 피드를 꼼꼼히 볼 확률이 높고, 좋아요·보관·댓글 등 반응을 보여줄 가능성이 높은 팔로워'를 모으는 알맞은 수단이 과연 존재할까요?

안심하세요. 쉽게 누구나 할 수 있는 수단이 있습니다.

바로 타깃을 압축한 '좋아요 순회'입니다.

여러분이 먼저 손을 내미는 이 활동은 팔로워를 모으기에 딱 좋습니다.

여기서는 제가 실제로 실행한 '좋아요 순회' 순서를 소개하겠습니다.

〈좋아요 순회 순서〉

(1) 자신의 콘텐츠 콘셉트와 타깃 유저가 동일한 경쟁 계정을 찾는다

(2) 경쟁 계정의 피드를 보면서 피드에 '좋아요'를 누른 사람의 리스트를 확인한다

(3) '좋아요'를 누른 사람의 계정에 들어가 그 계정이 업로드한 피드에 '좋아요'를 누르고 다닌다

왜 이런 방법을 쓰냐면, 경쟁 계정 피드에 '좋아요'를 누른 사람은 매우 활동적인 유저이기 때문입니다.

모든 SNS의 절반 가까운 유저는 보기만 하고 '좋아요'나 '댓글'을 전혀 달지 않습니다. 팔로워 중에 보기만 하는 사람이 많으면, 당신의 피드 좋아요·댓글·보관 비율은 당연히 떨어집니다. 그것은 둘러보기 탭에 노출되지 않는다는 결과로 이어집니다.

그렇기 때문에 경쟁 계정에 '좋아요'를 누른 유저는 매우 소중한 존재입니다. 활동적이고 적극적인 계정에게 당신이 먼저 '좋아요 순회'를 하고, 당신의 계정이 존재한다는 사실을 깨닫게 하면 '진성 팔로워'를 형성할 수 있습니다.

이때 한 가지 조건을 더 지키면 더 큰 진성 팔로워가 될 겁니다. '좋아요 순회'를 하려는 계정이 팔로우하고 있는 다른 계정의 수가 300명 이하여야 한다는 조건입니다.

300이라는 숫자는 어디까지나 기준점이긴 합니다. 하지만 모처럼 당신의 팔로워가 되어 준 사람이 많은 계정을 팔로우하고 있다면, 당신의 피드가 그 사람의 타임라인에 노출되지 않을 가능성이 있습니다. 팔로워가 봐 주지 않는다면, 당연히 '좋아요'도 보관도 발생하지 않습니다.

따라서 팔로우하고 있는 계정 수가 300명 이하이면서, 활동적으로 좋아요 등 행동을 보이는 계정이 진성 팔로워가 될 가능성이 높습니다.

누구나 할 수 있는 작업인데 정말 효과가 있을지 의심스럽다고요? 하지만 먼저 자신의 계정이 존재한다는 사실을 알려야 합니다. 그래서 활동적이면서 팔로우하고 있는 계정이 300명 이하인 사람을 경쟁 계정의 좋아요 리스트에서 찾고, '좋아요 순회'를 돌아야 합니다.

이때 주의사항이 있습니다.

팔로우는 하지 말고 여러 피드에 '좋아요'를 누르고, 여러분의 계정의 존재를 알리세요. 그러면 상대방이 여러분의 계정을 보러 왔다가 흥미가 생기면 팔로우해 줄 겁니다. 이 흐름을 기억하십시오.

저는 팔로워가 최소 1,000명에 도달하기까지는 이 '좋아요 순회'를 매일 하기를 추천합니다.

다만 하루에 대량으로 '좋아요'를 누르면 툴이나 BOT 판정에 걸려 계정이 잠기거나 정지 처분을 받는 경우가 있습니다.

그래서 '좋아요 순회'는 하루에 100개 계정 정도가 적당하고, 한 계정당 3개 피드에 '좋아요'를 누르세요.

매일 300개 좋아요 누르기입니다. 가장 좋은 시작입니다.

지루한 활동이지만, 끝낸 다음에는 진성 팔로워가 모이고 둘러보기 탭에서 '떡상'하는 길이 보일 겁니다.

좋아요 순회

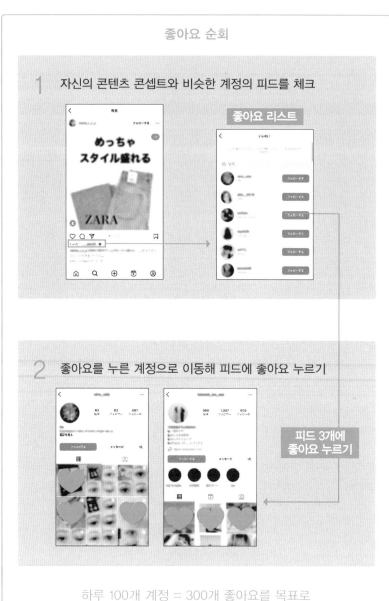

1 자신의 콘텐츠 콘셉트와 비슷한 계정의 피드를 체크

좋아요 리스트

2 좋아요를 누른 계정으로 이동해 피드에 좋아요 누르기

**피드 3개에
좋아요 누르기**

하루 100개 계정 = 300개 좋아요를 목표로
'좋아요 순회' 돌기

지금부터는 실제로 피드를 만들 때 지켜야 할 포인트를 설명하겠습니다.

첫 번째 포인트는 피드의 첫 번째 이미지에 반드시 문자를 넣는 겁니다. 요즘에는 평범한 사진 정도로는 '좋아요'나 '보관'을 얻을 수 없습니다. '좋아요'나 '보관'을 얻으려면 유저가 그 피드가 '유익하다'고 느껴야 합니다. 첫 번째 이미지는 시청자의 타임라인에 가장 먼저 표시되는 '잡지 표지' 같은 존재입니다. 여기에 유익함을 명확하게 전달하는 메시지를 넣으십시오.

또한 이 메시지는 13글자 이내로 정해 두십시오. 사람이 한 번에 볼 수 있는 최대 글자 수는 13글자기 때문입니다.

또한 캐치프레이즈는 눈에 띄는 편이 좋기 때문에 폰트를 크게 하세요. 폰트를 크게 하는 이유는 여러 가지 피드 중에서 눈에 띄기 위한 목적도 있지만, 폰트가 크지 않으면 한눈에 보고 읽을 수 없기 때문입니다.

SNS는 스마트폰으로 접속하는 유저가 대부분이고, 스마트폰의 크기는 대부분 7인치 정도입니다.

오늘날 평균 연령은 40대입니다. 인스타그램은 젊은이만의 어플이 아니라, 40~50대 유저도 많습니다. 40~50대는 스마트폰의 보급 탓인지 눈이 나빠지거나 노안을 맞이하는 사람이 많이 늘어나고 있습니다.

이 사실을 그냥 넘어가면 인스타그램은 절대 성장하지 못할 겁니다.

'폰트를 크게' '13글자 이내'라는 규칙을 철저하게 지켜야 합니다.

이미지 10장 업로드는 필수

한 가지 더, 실제로 피드를 만들 때 주의할 포인트가 있습니다. 이미지 10장을 다 써서 피드를 만들라는 겁니다. 인스타그램은 한 피드 당 10장까지 이미지를 삽입할 수 있습니다. 이 10장이 중요한 이유는 다음 두 가지 행동이 일어나기 쉬워지기 때문입니다.

〈이미지 10장이 일으키는 효과〉

- 피드를 보는 체류 시간이 늘어난다
- 유익한 콘텐츠면서 양이 10장으로 많으면, 금방 잊어버리지 않고 다음에 다시 보고 싶어져 보관이라는 행동이 일어난다

시청 시간이 늘어나는 일과 유저의 반응은 인스타그램에서 피드가 둘러보기 탭에 추천받기 위해 중요한 평가 기준입니다. 그러니 반드시 이미지 10장을 다 채워서 피드를 만드세요. 둘러보기 탭에 노출되어 '떡상'하는 지름길입니다.

전체 피드의 기본 구성은 다음과 같습니다.

1번째 : 표지
2번째 : 개요 전달(마지막까지 보면 어떤 이점이 있는지?)

3번째 : 보관 유도(중요하니 보관해서 여러 번 보라고 어필)

4~9번째 : 구체적인 내용

10번째 : 프로필 페이지 유도, 다른 추천 콘텐츠 유도, 보관 유도

이 다섯 가지 원칙을 지키면 체류 시간이 길고, 좋아요가 많고, 보관율이 높은 계정을 만들 수 있습니다.

어떻게 하면 될지, 상상이 마구마구 떠오르지 않으신가요?

릴스 영상으로 '떡상'한다

인스타그램에서 '떡상'하기 위한 또 다른 접근은 릴스로 '떡상'하는 겁니다.

인스타그램에 있는 릴스라는 기능은 유튜브 쇼츠와 같이 1분 이내의 세로형 숏폼입니다.

틱톡이나 유튜브 쇼츠에 대항하기 위해 만들어진 기능이라서 콘텐츠를 '떡상'으로 만드는 기본적인 방법은 앞장에서 설명한 유튜브 쇼츠·틱톡에서 '떡상'하는 콘텐츠 만들기와 똑같습니다.

릴스

다만 인스타그램 유저의 평균 이해도가 다른 플랫폼 유저보다 낮다는 차이점이 있습니다.

오늘날 주요 SNS 플랫폼을 꼽자면 유튜브, 틱톡, 트위터, 인스타그램 이네 종류가 최고라 해도 과언이 아닙니다. 페이스북을 포함하지 않은 이유는 페이스북은 이미 정점을 지나 쇠퇴하고 있는 플랫폼이기 때문입니다.

네 가지 플랫폼의 이해도 순위는 다음과 같습니다.

〈유저의 이해도 랭킹〉

1위 트위터 유저(가장 이해력이 높다)

2위 유튜브 유저(꽤 이해력이 높다)

3위 유튜브 쇼츠&틱톡 유저(이해력이 조금 높다)

4위 인스타그램 유저(이해력이 낮다)

이건 플랫폼의 특성과 연관되어 있습니다.

이해도가 가장 높은 트위터는 문자를 주체로 한 플랫폼입니다. 문자에서 정보를 정확히 받아들이는 유저는 어느 정도 스스로 정보를 가지고 있거나 현명한 사람이 많습니다.

또한 문자로 쉽게 발신할 수 있기 때문에 트위터는 가장 빠르게 새로운 정보를 내보낼 수 있습니다. 즉, 정보를 수집한다면 트위터는 꽤나 고도의 최첨단 정보를 얻기 쉬운 플랫폼이라 할 수 있습니다.

유튜브는 긴 영상이 주체가 되는 플랫폼이라서, 어느 정도 양이 많은 정보를 영상이라는 수단으로 이해할 수 있는 사람이 이용합니다. 영상은 이해하기 쉬워도, 일정량의 정보를 받아들일 수 있는 사람이 아니라면 즐길 수 없습니다.

한편 유튜브 쇼츠나 틱톡은 주로 1분짜리 숏폼이 대부분인 플랫폼이

제4장

온라인 마케팅에서 인지도를 쌓는 법 ~ 인스타그램 편 ~

라서 콘텐츠의 결론을 바로 알 수 있고 정보량이 적습니다. 그래서 폭넓은 계층의 사람이 정보를 간단히 받아들일 수 있습니다. 그래서 이용하는 유저의 수준도 조금 내려갑니다.

마지막 순위가 인스타그램입니다. 인스타그램은 이미지를 중심으로 한 플랫폼이라 '인터넷으로 문자를 읽는 게 쉽지 않고' '영상으로 많은 정보를 받아들이는 것도 어렵지만' 'SNS를 마음 편히 즐기고 싶은' 유저가 가장 빈번하게 이용합니다. 또한 지금까지 SNS를 그다지 이용하지 않았던 40~60대 여성 유저의 이용이 엄청난 속도로 늘어나고 있습니다. 정보 이해도가 낮은 유저도 많습니다.

그래서인지 릴스로 조회수를 늘리는 영상은 유튜브 쇼츠나 틱톡보다 깊이가 얕은 내용인 경향을 보입니다. 1~2년 전 틱톡에서 통했을 것 같은 기획이 뒤늦게 릴스에서 통하는 경우도 꽤나 있습니다. 요약하자면, 인스타그램은 '뒤늦은' 플랫폼인 겁니다.

이렇게 플랫폼의 이해도 차이를 이용한 전략을 세우는 걸 추천합니다.
이 방식은 타임머신 경영과 같은 발상입니다.
릴스를 공략할 때는 유튜브 쇼츠와 틱톡에서 설명한 숏폼 제작법의 기본을 따르면서 '1년 뒤늦게'를 염두에 두고 실행하십시오.

시청자를 '팬'으로 만들어 상품을 판매하라

11 '팬'을 만드는 콘텐츠 제작법

평범한 시청자를 '팬'으로 만들어라

지금까지는 유튜브, 유튜브 쇼츠, 틱톡, 인스타그램을 활용해 처음부터 시작해도 '떡상'이 되어 인지도를 획득하는 방법에 대해 설명했습니다. 지금부터는 비즈니스 매출로 연결하기 위해, 획득한 인지도를 활용해 '팬'을 형성하는 단계에 들어가겠습니다.

많은 사람이 '팔로워는 곧 팬'이라 착각하고 있습니다.
그러면 SNS를 비즈니스에 활용해 성공하기가 어렵습니다.
왜냐면 팔로우라는 행위는 매우 가벼운 행위이기 때문입니다.

실제로 평범한 유저가 누군가를 팔로우할 때의 마음은 '뭐 나쁘지 않네' '그냥 유익해 보여'에 지나지 않습니다. '당신이 정말로 좋아서 팔로우했어요!'라는 사람은 모래밭에서 바늘을 찾는 수준입니다.

비즈니스에 SNS를 활용하는 일은 SNS 콘텐츠를 계기로 상품이나 서비스를 구입하게 하는 일입니다. 유저에게 '돈을 지불하는' 프로세스를 거치게 해야 합니다.

　사람은 돈을 쓰는 행위에 매우 소극적입니다. 그냥 팔로우하는 사람들에게 '이 사람에게는 돈을 지불해도 좋겠다'라는 마음을 먹게 하려면, 자신을 확실히 좋아하게 만들 필요가 있습니다.

　팬이 되는 현상에 대해 '어떻게 하면 이 현상을 일으킬 수 있을지' '그러려면 무엇이 필요할지'를 실천하고, 언어로 표현할 수 있는 사람은 전문가 중에서도 거의 없는 것 같습니다.

　이 책에서는 다양한 사례를 성공시키면서 제가 확립한 팬이 되는 현상이 어떻게 일어나는지, 그중에서도 구입에 이르기 좋은 '진성팬'을 만들기 위해 필요한 요소는 무엇일지 설명하겠습니다.

　진성팬을 만들려면 아래와 같은 세 가지 요소가 필요합니다.

〈팬을 만들기 위한 세 가지 요소〉

• 공감할 수 있다

• 시청자는 할 수 없는 '훌륭한 능력이나 전문성'이 있다

• 유일한 존재라고 인식하게 한다

　시청자들의 마음속에서 이 세 가지 요소가 충족되면 진성팬이 형성됩니다. 게다가 이를 종합한 점수에 따라 얼마나 팬이 되는지까지 결정됩니다.

누군가를 좋아한다는 것은 친근감을 느낀다는 뜻입니다. 시청자가 당신이 자신과 가까운 존재라고 인식하고 마음을 허락해 좋아하게 된다는 것입니다. 친근감은 '가치관에 대한 강한 공감'에서 생겨납니다.

'가치관에 대한 강한 공감'을 만들어내려면 시청자가 당신의 인생을 깊게 알도록 만드는 일이 필수입니다.

갑작스럽지만 '친구'와 '절친'의 차이가 뭐라고 생각하시나요?

바로 '얼마나 깊게 아는지'의 차이입니다. 더 세세하게 따지면 알고 지낸 시간의 길이나 공통된 취미 등 다양한 요소가 존재하겠지만, 그 대부분이 깊게 아는지의 차이로 귀결됩니다.

'절친'은 친구 중에서도 특히 사이가 좋은, 마음을 허락할 수 있는 존재이기 때문에 호불호로 말하자면 분명 호일 겁니다.

'절친'이라면, 어떤 인생을 보내 왔고 지금 어떤 일을 하고 있으며, 앞으로 무엇을 목표로 하는지, 지금 어떤 고민이 있는지 등등 깊은 단계까지도 대신 말해줄 수 있을 겁니다.

그렇다면 '친구'라면 어떨까요?

'친구'라는 그룹 안에 같이 속해 있을 뿐이라고 느끼는 사람에 대해서는 지금 무슨 일을 하는지는 알겠지만, 자세한 인생이나 앞으로의 목표, 지금 품고 있는 고민 등 모든 것을 알고 있지는 않겠죠.

절친과 친구는 '얼마나 깊게 아는지'로 판가름 납니다. 깊게 안다면 '가치관에 대한 공감'이 생겨나겠죠.

이 '가치관에 대한 강한 공감'을 느낄 수 있는지가 팬이 될지 말지를 크게 좌우합니다. 즉 당신이 시청자를 팬으로 만들기 위해 처음 해야 할 일은 당신에 대해 절친 수준으로 자세하게 알게 하는 일입니다.

그러려면 당신이 옛날에 어떤 일을 했고, 그 결과 어떤 가치관이 형성되었으며, 지금 어떤 활동을 하고 있고 최종 목표는 무엇인지, 그 목표를 이루는 과정에서 사회에 어떤 가치를 제공하고 싶은지 숨김없이 시청자와 공유하는 콘텐츠가 필요합니다.

그 대표적인 100점 사례가 Repezen Foxx(힙합/EDM 아티스트)의 DJ Schacho가 유튜브에 업로드한 '좋아하는 일을 하며 살아간다'라는 콘텐츠입니다. DJ Schacho는 유튜브를 시작하고 얼마 지나지 않았을 때, 먼저 인지도를 올리고 주목을 받기 위해 과격한 콘텐츠를 엄청 많이 올렸습니다. 세간에서는 과격하고 위험한 사람이라고 인식했습니다. 이것은 인지도를 얻는 단계입니다.

그리고 조금 시간이 흐른 뒤【좋아하는 일을 하며 살아간다】〖Repezen Foxx −DJ Schacho〗라는 영상 한 편을 올렸습니다. 이 영상은 DJ Schacho의 과거 인생부터 오늘에 이르기까지의 장대한 이력과 무엇을 목표로 하는지를 시청자와 공유할 수 있는 콘텐츠였습니다.

그의 인생을 안 순간, 시청자는 "그래서 이 사람은 '무리해서' 과격한 행동을 했던 거구나!"라고 납득하게 됐습니다. 스토리가 전달되자 DJ Schacho에 대한 친근감이 폭발했고, 그가 누군지 정도만 알다가 팬이 된 사람이 눈 깜짝할 사이에 늘었습니다.

그 기세를 몰아 스타덤에 올랐다고 말해도 될 정도로 인기를 얻었습니다.

 실제 영상은 여기
【좋아하는 일을 하며 살아간다】『Repezen Foxx -DJ Schacho−』
https://www.youtube.com/watch?v=PPnbEiXSYM8&t=710s

이 사례에서도 알 수 있듯이 처음 만들어야 할 콘텐츠는 시청자가 당신을 깊게 알 수 있는 당신의 가치관에 공감하기 쉬운, 당신의 인생을 이야기하는 콘텐츠입니다.

저는 모든 각도에서 이 방식을 생각하며 콘텐츠를 만들었습니다.

가츠 도모미 대표를 예로 들어보겠습니다. 가츠 도모미 대표가 팬을 크게 늘린 계기는 다음 두 편의 영상이었습니다.

첫 번째 : 상상이 미래를 만들다(유튜브에 업로드한 17분짜리 스피치)

두 번째 : 【충격】 8년 전 오사카에서 옷가게 사원이 정장숍을 오픈한 결과(유튜브 쇼츠 1분 영상)

이 두 편은 모두 가츠 도모미 대표의 인생을 이야기하는 내용으로 이 영상을 통해 그녀는 폭발적으로 팬을 늘렸습니다.

내용을 요약하면, 그녀가 '너무 무모하니까 그만 둬'라는 이야기를 들으면서도 맞춤형 정장업계를 바꾸기 위해 테일러로서 창업했고, 잠을 줄여가며 고난을 극복한 뒤 일본의 테일러업계 최초로 세계 4대 패션 컬렉션 중 하나인 밀라노 컬렉션에 출전했다는 스토리입니다.

실제 영상은 다음 페이지의 QR코드를 통해 봐 주십시오. 영상을 한 번 보면, 여기에 쓴 내용의 답과 팬이 되는 이유를 이해할 수 있을 겁니다.

▶ 실제 영상은 여기

'상상이 미래를 만들다' 가츠 도모미 Tomomi Katsu at KUDEN

https://www.youtube.com/watch?v=RXinzUVs32k

8년 전 무명의 옷가게 사원이
오사카에서 정장숍을 오픈하다

https://www.youtube.com/watch?v=wf3vR9WeBx4

인생을 이야기하는 콘텐츠를 만드는 추천 방법

　인생을 이야기하는 콘텐츠를 만들면 가장 쉽게 팬을 형성할 수 있지만, 영상을 만들기 어려운 경우가 많습니다. 만드는 법을 추천해 드릴게요. 먼저 큰 포인트는 네 가지입니다.

〈인생을 이야기하는 콘텐츠를 만드는 법〉

(1) 초심자는 1분 숏폼으로 시작한다

(2) 모험의 여정→좌절→성공→중요한 가치관으로 구성을 짠다

(3) 구성에 맞는 사진을 고른다

(4) BGM의 힘을 이용한다

이 순서대로 만들면, 초심자라도 인생을 이야기하는 양질의 콘텐츠를 만들 수 있습니다. 아래와 같이 내용을 구성해 봅시다.

〈인생을 전하는 콘텐츠의 내용 구성〉

(1) 시작

(2) 아무것도 아닌 나의 과거

(3) 무작정 열심히 하는 나

(4) 하지만 아무것도 되지 못하는 나

(5) 그래도 계속 열심히 하는 나

(6) 슬슬 보이는 성공

(7) 클라이맥스 : 성공을 거머쥐는 장면

(8) 거머쥔 성공

(9) 성공한 뒤 보이는 풍경

(10) 성공한 뒤 깨달은 가치관

(11) 마무리

처음에는 이 1~11에 해당하는 메시지를 정하고, 그 메시지에 맞는 예전 사진을 모으면 만들기 쉬울 겁니다. 이걸 숏폼 플랫폼에서 자주 사용되는 BGM과 조합해 보십시오. 귀에 익은 음원을 사용하면 시청자의 주의를 끌 수 있습니다.

다만 사용하는 음악의 저작권에 주의를 기울이세요. 2차 창작을 할 수 없는 음원을 사용하면, 저작권을 위반하는 게 되어 영상이 삭제되어 버리는 경우가 있습니다.

여기서는 앞 페이지에서 설명한 구성에 음악을 붙여 영상을 만들면 어떻게 되는지, 가츠 도모미 대표의 숏폼을 예로 소개하겠습니다.

여러분도 이 예시를 참고해서 꼭 영상을 만들어 보십시오.

4 하지만 아무것도 되지 못하는 나

~♪: 더 이상 어쩔 수 없어서 외쳤어 ' 내일아! 내일아! 더는 오지 말아 줘'

5 그래도 계속 열심히 하는 나

~♪: 그런 날 내버려 두고 달은 지고 해는 떠올라

6 슬슬 보이는 성공

~♪: 하지만 그날 밤은 달랐어 너는 나의 손을

7 성공을 거머쥐는 장면

~♪: 하늘로 흩날리는 세계의 저편 어둠을 비추는 이상한 빛

8 거머쥔 성공

~♪: '너도 나도, 다시 내일을 향해 가자'

9 성공한 뒤 보이는 풍경

~♪: 꿈으로 끝나 버린다면 '어제를 바꾸게 해줘'

10 성공한 뒤 깨달은 가치관

~♪: 라고는 말하지 않을 테니

11 마무리

~♪: 다시 내일도 너와 이렇게 웃게 해줘

♪: ©Orangestar(2015)「アスノヨゾラ哨戒班」

팬을 만들기 위해 중요한 요소 중에는 '동경·존경'이 있습니다. '동경·존경'을 느끼게 하는 지름길은 시청자는 할 수 없는 '훌륭한 능력과 전문성'을 갖췄다는 사실을 알리는 겁니다.

'동경·존경'이라는 감정은 '나는 할 수 없는 일을 할 수 있는 사람'에게 품는 감정입니다. 즉 시청자가 할 수 없는 일을 나는 할 수 있다고 증명하는 콘텐츠를 만들어 보여주면, 그대로 팬이 됩니다.

그때 효과를 발휘하는 게 '시청자가 가지고 있지 않은·할 수 없는 일을, 나는 가지고 있다·할 수 있다'라는 사실을 표현하는 영상입니다. 구체적인 예를 들자면, 아래와 같은 영상이 있습니다.

〈동경·존경을 가지게 만들기 위해 효과가 좋은 콘텐츠〉

- 높은 전문성을 보여주는 콘텐츠
- 특수 기술을 보여주는 콘텐츠
- 매우 큰 유익함을 보여주는 콘텐츠
- 일반인이 하지 않은 경험을 보여주는 콘텐츠
- 일반인이 가지지 않은 미모

미키 나오코 선생 @치과 의사 채널이 알기 쉬운 예시입니다.

그녀는 '높은 전문성' '특수 기술' 모두에게 도움이 되는 유익한 치아

이야기' '예쁘고 기품 있는 미모' 등, 시청자가 가지지 않은 요소를 많이 가지고 있습니다.

그래서 비교적 쉽게 '동경·존경할 가치가 있는 사람'이라는 인식을 심는 데 성공했고, 매우 빠른 속도로 팬을 만들었습니다.

의사, 변호사, 공인회계사 등 알기 쉬운 전문성이 있는 쪽은 정말 유리합니다.

물론, 알기 쉬운 자격이 없다고 해도 전문성을 전달하기는 어렵지 않습니다. 특정 분야에 대해 시청자가 도움이 된다고 느낄 수 있는 유익한 내용을 요약해 전달하면, 자연스레 팬을 만들 수 있습니다.

단숨에 팬을 만들고 싶다면 긴 영상을 유튜브에 업로드하는 방법을 추천합니다. 여기서 긴 영상은 30분 이상의 영상으로 특정 분야를 총망라하는 영상입니다.

이렇게 긴 영상을 올리면, 시청자는 '이 사람은 이 분야에 대해 엄청난 전문가구나'라고 인식할 수 있습니다.

긴 영상은 짧은 영상을 만들 때보다 품이 많이 들지만, 그만큼 경쟁자도 줄어듭니다.

그러니 알기 쉬운 자격증이 없는 분야일 때는 긴 영상을 만들면 자연스레 성공할 수 있습니다.

예를 들어 제가 도와주는 '쇼텐테-♪SUCCESS VOICE LESSON'이라는 보컬 트레이너의 유튜브 채널이 있습니다.

이 채널에서는 가수가 되고 싶은 사람이라면 고음을 내기 위해 피할 수 없는 기술인 믹스 보이스에 대해 1시간 정도의 긴 영상을 올리고 있습니다. 이 영상은 내용과 편집 모두 퀄리티가 높고, 경쟁자를 이길 수 있는 내용으로 구성되어 있습니다.

이 영상은 시청자에게 '유튜브를 하고 있는 보컬 트레이너 중 가장 실력이 있는 사람은 쇼텐테다'라는 사실을 인식시키는 데 충분했습니다.

이 영상을 계기로 현재 쇼텐테에게 레슨을 받고 싶어 하는 고객이 밀려들고 있습니다.

보컬 트레이너 업계에서는 꽤 비싼 수준의 레슨료를 받고 있는데도 실

▶ 실제 영상은 여기

[진정한 하이라이트] 일본에서 제일 알기 쉬운 믹스 보이스 강좌
～보컬 트레이너가 고음 노래를 부르고 싶은 사람을 위해 믹스 보이스의
구조부터 발성·창법·판단까지 실전처럼 1시간 동안 가르쳐 드립니다～

https://www.youtube.com/watch?v=Qdp927ia0oQ

력에 매료된 사람들로부터 압도적인 지지를 받아, 레슨은 3개월~반년 정도 기다려야 합니다.

유일한 존재라고 인식하게 한다

'공감할 수 있고, 자신에게는 없는 훌륭한 능력이나 전문성이 있다'고 이야기한 지금 단계에서 당신의 시청자는 이미 반 이상 팬이 되어 있을 겁니다. 하지만 같은 플랫폼에 비슷한 사람이 여럿 있다면, 당신의 존재가 묻혀 버릴 가능성이 있습니다.

많은 경쟁자에게 묻히지 않기 위해서도 시청자들에게 유일한 존재가 될 필요가 있습니다.

'OO라는 분야에서는 이 사람이 가장 좋아, 가장 멋지다고 생각해, 다른 비슷한 사람은 없어'라고 인식하게 되면, 고객을 모으는 일의 힘이 폭발적으로 높아진다는 사실은 말할 필요도 없습니다.

여기서 당신이 유일한 존재가 될 수 있을지 확인하는 방법을 소개하겠습니다. 바로 강점 요소 곱셈 방법입니다. 자신이 가진 강점을 몇 명 중 한 명이 갖고 있는지를 떠올리고, 그 숫자를 곱해 가는 방식입니다. 강점 곱셈으로 1억분의 1이 되면, 시청자들이 유일하다고 인식할 정도의 강점을 갖췄다고 할 수 있습니다.

가츠 도모미 대표를 예로 들어 보겠습니다. 먼저 그녀의 강점 요소는 아래와 같습니다.

강점① 여성 사장(여성 사장 1,000명 중 1등이 될 수 있다)

강점② 테일러 중 최고 기술(테일러 1,000명 중 1등이 될 수 있다)

강점③ 미인(또래 여성 100명 중 1등이 될 수 있다)

강점④ 이야기가 재미있다(말을 잘하는 사람 100명 중 1등이 될 수 있다)

1/1,000 × 1/1,000 × 1/100 × 1/100 = 100억분의 1

가츠 도모미 대표의 강점은 100억분의 1까지 도달했습니다.

이렇게 자신의 강점 중에서 여러 명 중 1등이 될 수 있는 요소를 쓰고, 자신이 취할 수 있는 포지션을 생각해 보십시오. 동시에 콘텐츠를 통해 시청자에게도 그 강점을 전달해, 유일한 포지션을 확립합시다.

먼저 자신의 강점을 찾고, 찾을 수 없다면 만드는 것도 필요합니다. 다른 재미있는 예를 들어 보자면, 낚시 × 미인 × 멋진 몸매라는 강점도 있습니다.

강점① 여성 낚시꾼(낚시를 취미로 하는 사람 100명 중 1명 정도)

강점② 낚시(낚시 기술은 낚시꾼 10명 중 1등이 될 수 있는 수준)

강점③ 미인(또래 100명 중 1등이 될 수 있는 수준)

강점④ 멋진 몸매(또래 100명 중 1등이 될 수 있는 수준)

$1/100 \times 1/10 \times 1/100 \times 1/100 = 1,000$만분의 1

1,000만분의 1이라면 간당간당하지만, 10명 중 1등이 될 수 있는 강점을 한 가지 더 발견한다면 딱 좋습니다.

이 예는 비교적 남성이 많은 낚시라는 취미에 '여성'이라는 특징을 붙여, '여성 낚시꾼'이라는 강점으로 연결한 겁니다.

더욱이 사람 수도 적기 때문에 '희귀하다'라는 레어 보너스가 부여됩니다. '희귀함'은 보너스를 만들어내기 때문에 이를 고려해 자신의 강점을 구축해 봅시다.

저는 연출을 시작할 때, 주인공이 되는 출연자가 '유일한 존재가 될 수 있는 강점 곱셈을 가지고 있는지' '그 강점을 이해하기 쉽게 연출할 수 있는지'까지 고려해 전략을 짭니다.

유일한 존재라서 사람들은 만나고 싶고, 돈을 쓰고 싶고, 시간을 쓰고 싶은 겁니다.

이제 팬을 만드는 이야기가 끝났습니다.

공감,
훌륭한 능력과 전문성,
유일함.

이 세 가지가 시청자의 머릿속에 박혔을 때의 힘, 상상하실 수 있나요? 어마어마한 열광을 만들어내는 모습이 떠오르실 겁니다.

12 팬을 고객으로 만드는 집객 실천

라인 공식 계정의 리스트 수로 매출도 정해진다

지금부터는 실제로 매출을 올리기 위한 집객(集客: 고객을 모으는 일) 방법에 대해 설명할게요. 팬을 만들기까지 고생했더라도, 집객을 못하면 비즈니스로 이어지지 않습니다.

먼저, 온라인 마케팅에서 집객이란 '예상 고객 리스트'를 만드는 일입니다. 예상 고객 리스트란 영업을 위해 연락을 취할 수 있는 리스드를 가리킵니다.

모든 비즈니스에서 매출은 예상 고객 리스트 수에 비례합니다. 예상 고객 리스트가 100명 있는 사람과 예상 고객 리스트가 1,000명 있는 사람은 매출에서도 10배 이상 차가 벌어지기도 합니다. 즉 리스트 수를 늘리면 늘릴수록 매출도 쉽게 늘어납니다.

하지만 SNS 플랫폼은 시청자와 개별적으로 연락하기 어려운 경우가 있습니다. 예를 들어 유튜브에서 채널 운영자는 자신의 영상을 보는 시청자의 연락처를 알 수 없습니다. 또한 모든 SNS에서 일어나는 일이지만, 자신이 만든 콘텐츠가 팔로워에게 반드시 전해진다고도 확언할 수 없습니다.

따라서 상품을 출시하고 싶을 때 고객에게 그 정보를 충분히 알리기 위해서는 정보를 좀더 높은 확률로 받을 수 있는 연락 수단을 확보하는 게 중요합니다. 그렇지 않으면 매출로 이어지는 영업을 하는 것 자체가 매우 어려워집니다.

그때 사용할 수 있는 대표적인 수단이 라인(LINE) 공식 계정입니다(한국에서는 카카오 플러스친구를 이용하는 것을 추천합니다).

유튜브나 틱톡, 인스타그램을 통해 인지도를 쌓고 팬을 만든 뒤, 라인 공식 계정에 친구 등록을 하게 만들어, 연락을 취할 수 있는 예상 고객 리스트를 만들어요. 이 리스트 수를 늘려 가면 매출은 크게 늘어날 겁니다.

라인 공식 계정의 기능

라인 공식 계정에는 다음 네 가지 기능이 있습니다.
그래서 고객이 연락을 확실하게 받을 수 있습니다.

〈라인 공식 계정의 기능〉

- 1:1 대화
- 전체 메시지 안내
- 난계별 송신
- 특정 대상 분류 송신

1:1 대화

예상 고객을 만들려면 1:1 대화를 할 수 있는 공간이 꼭 필요합니다. 상품 계약이나 결제 안내, 판매 후의 지원 등 1:1로 소통하는 편이 좋은 경우가 반드시 발생합니다.

전체 메시지 안내

예상 고객이 100명 정도 있다면, 1:1 대화만으로도 영업할 수 있습니다. 하지만 예상 고객이 300명, 500명, 1,000명, 10,000명으로 늘어나면 혼자서 해결하는 건 불가능합니다.

하지만 이것만을 위해 사람을 고용하는 것은 이익률을 악화시킵니다. 그래서 필수적으로 전체 메시지로 공지 사항이나 결제 안내를 할 수 있어야 합니다.

이 책에서 설명하는 온라인 마케팅의 본질과 진지하게 마주하고, 인지도와 팬을 만드는 방법을 실행하면 라인 공식 계정의 등록자가 1만 명을 넘는 것은 당연하고 자주 일어나는 현상이 될 테니까요.

단계별 송신

최종적으로 예상 고객에게 판매하기 위해서는 구입에 도달하게 만들기 위한 일련의 시나리오가 필요합니다. 시나리오의 전개는 '강한 흥미를 불러일으키는 메시지 송신 → 구매 의욕을 높이는 메시지 송신 → 구입 프로모션 메시지 송신 → 구입 기한 메시지 송신'으로 구성할 수 있습니다. 이렇게 못해도 4회는 메시지를 보내야 합니다.

라인 공식 계정에서는 사전에 설정해 두면 각 메시지를 자동으로 송신할 수 있습니다.

라인 공식 계정에 등록해 준 사람에 대해 특정 '이용자 집단'을 관리자가 분류하면, 그 집단에게만 전체 메시지를 송신할 수 있습니다. 예를 들어, 구입해 준 사람으로 이용자 집단을 구성하고, 구입 유저를 제외한 다른 사람에게 추가 영업 메시지를 송신할 수 있습니다.

이렇게 마지막 '판매'라는 프로세스를 성립시키는 데 필요한 기능이 충실히 갖춰진 계정이 '라인 공식 계정'입니다.

예상 고객 리스트를 최대화하기 위한 방법

'유튜브나 SNS 플랫폼에서 라인 공식 계정으로 유도하기 위해서는 어떻게 해야 하는지' 질문하고 싶은 사람도 있을 겁니다.

'유튜브를 보기만 하는 것'과 '라인에서 친구 등록을 하는 것'의 심리적 허들의 높이가 다른 건 명백한 사실입니다.

이 허들을 넘기 위해서는 결론부터 말하자면 매력적인 등록 혜택 선물을 많이 준비해야 합니다.

사람들은 이득이 없으면 라인 공식 계정의 친구 등록은커녕, 라인 공식 계정 링크를 클릭하지도 않습니다.

세상 사람들은 '라인을 등록하면 영업을 걸어온다'라는 인식까지 박혀 있기 때문에 여러분이 상상하는 이상으로 허들이 높다는 것을 염두에 두셔야 합니다.

꽤 매력적인 혜택을 제시하지 않으면 '등록'하려는 마음을 먹지 않거든요.

그래서 다섯 가지 이상의 매력적인 혜택 선물을 붙이고 등록자 한정 5대 혜택 선물이 있다고 선전하는 방법을 저는 추천합니다. 앞 단계인 팬 만들기를 끝내고 혜택까지 제시하면, 팔로워 수의 1~10%는 라인 공식 계정에 유입하리라 기대할 수 있습니다.

그리고 드디어 판매!……가 되지는 않아요.

여기서 한 가지 쿠션, 매우 중요하고도 또 중요한 단계를 거쳐야 합니다.

13 비즈니스를 성공시키는 절대적인 '신뢰 구축'

신뢰 구축은 비즈니스의 핵

　라인 공식 계정을 통해 예상 고객 리스트를 만드는 데 성공하고 나면 '드디어 판매!'라고 많은 사람이 의기양양할 겁니다. 하지만 이 리스트에 갑자기 영업 카드를 꺼낸다면 예상 고객은 달아나 버리고 말 겁니다.

　그래서 필요한 절차가 '신뢰 구축'이라는 단계입니다. 여기서 말하는 '신뢰 구축'이란 지불한 돈 이상의 가치를 확실하게 얻을 수 있는 상품임을 증명하는 행위입니다.

　고객이 가장 무서워하는 일은 '돈을 냈는데도 미래에 아무런 변화가 일어나지 않는' 겁니다. 즉 '손해 봤다'고 느끼는 걸 가장 무서워합니다.

　고객이 가진 돈은 고객이 귀중한 인생의 시간과 노력을 들여 손에 넣은 노력의 산물입니다. 그 산물을 지불한 이상, 당연히 지불한 돈 이상의 가치를 얻고 싶겠죠.

　그래서 '내가 제공한 상품·서비스는 당신이 지불한 돈 이상의 가치가 있어요'라는 사실을 다양한 방식으로 증명하는 게 중요합니다.

그때 가장 효과를 발휘하는 방법이 '무상 봉사' 입니다.

무상 봉사란 돈을 받지 않고 가치를 제공하는 행위입니다.

자주 보이는 '무료 상담', '무료 제공', '무료 선물', '무료 혜택', '샘플 선물' 등이 여기에 해당합니다. 무료로 상품을 제공해서, 유저에게 무상 봉사하는 겁니다.

이때 가장 중요한 점은 '보답을 요구하지 않고 실행하는' 겁니다

온라인에서 서비스를 파는 많은 사람은 '무료 상담'을 진행할 때 '팔기 위해 한다며' 보답을 요구합니다.

하지만 보답을 바라지 않고 제공하는 것이 중요합니다. '돈이 되지 않아도 괜찮아요! 도움이 되었으면 그걸로 충분해요'라는 자세를 유지하는 겁니다.

예를 들어 당신의 눈앞에서 걸어가던 사람이 지갑을 떨어뜨렸다고 칩시다. 당신은 그 지갑을 주워 그 사람에게 전달하려 합니다.

그때, 당신은 어떻게 지갑을 건네주시겠어요?

패턴①

주워줬으니 지갑 속 돈 10%를 사례로 받아 갈게요!

라며 건네준다

패턴②

떨어뜨렸어요!

지갑만 전달하고 떠난다

대부분의 사람은 두 가지 패턴으로 나뉠 겁니다.

여기서 패턴①로 대응한 후 일어날 전개를 상상해 봅시다.

〈패턴①〉

당신 "지갑 떨어뜨리셨어요!"

상대 "우와, 정말 감사해요!"

당신 "사례로 10% 받아갈게요!"

상대 "뭐? (빡)"

반면 지갑만 전달하고 떠나는 패턴②에서는······.

〈패턴②〉

당신 "지갑 떨어뜨리셨어요!"

상대 "우와, 정말 감사해요!"

당신 떠나려 한다.

상대 "감사 표시를 하고 싶은데 혹시 연락처 받을 수 있을까요?"

쉽게 상상할 수 있는 모습입니다.

이 예시에서도 알 수 있듯이, 무상 봉사할 때에는 보답을 바라지 않는 행동이 가장 중요합니다.

지갑을 예시로 든다면, 대부분 사람이 ②를 선택할 것입니다.

하지만 비즈니스라면 어떨까요?

무료 상담, 무료 컨설팅, 무료 선물을 할 때 보답을 바라지 않고 할 수 있나요?

자기 자신에게 물어보세요.

기억해 둬야 할 점은 사람들은 속셈이 있는 상냥함을 싫어한다는 사실입니다.

그러니 무상 봉사를 통해 신뢰를 얻을 때에는 '속셈 없이, 일단 사 주지 않더라도 눈앞의 상대가 기뻐해 주면 충분해!'라는 마음으로 대하는 것이 매우 중요합니다. 이 순수한 마음이 비즈니스를 성공으로 이끕니다.

비즈니스의 본질은 '상대를 기쁘게 만드는' 데에 있어요.

속셈을 드러내지 않는 쪽이 자연스레 잘 되게 되어 있습니다.

무상 봉사야말로 연금술

무상 봉사의 더 대단한 포인트는 '무상 봉사야말로 현대에 존재하는 최고 단계의 연금술'이라는 점입니다. 이 생각은 비즈니스를 성공시키기 위해 매우 중요하니 마음에 새겨 두십시오.

이 세상은 등가교환(等價交換)을 바탕으로 성립합니다.

예를 들어 1,000만 원짜리 웹사이트 제작 일을 맡았다고 칩시다. 이때 1,000만 원의 일에 1,000만 원만큼의 에너지를 투입해, 1,000만 원만큼의 웹사이트를 제공하려는 사람이 많을 테죠.

하지만 여기서는 1,000만 원짜리 일에 1,500만 원만큼 에너지를 써서 1,500만 원만큼의 가치가 있는 웹사이트를 제공하는 것이 중요합니다.

이러면 돈을 지불하는 쪽은 1,000만 원밖에 지불하지 않았는데도 1,500만 원의 퀄리티를 보여준 당신에게 500만 원만큼 감동합니다.

이때 당신은 1,000만 원밖에 받지 않았는데 1,500만 원짜리 일을 해 줬기 때문에 500만 원만큼 무상 봉사한 상태가 됩니다. 그 자체만 보면 손해를 봤다고 생각할 수도 있습니다.

하지만 그렇지 않습니다. 이 500만 원이라는 차액만큼의 에너지가 감동을 만들어내고, 상대는 어떤 형태든 그 감동을 돌려주려 할 겁니다. 그형태는 재의뢰, 앞으로의 단가 상승, 소개, 정보 등 더 넓은 범위의 비즈니스로 이어질 가능성을 품은 경우가 많습니다.

이렇게 감사는 어떻게든 돌아올 확률이 높습니다.

앞에서 말씀드렸듯 이 세상은 '등가교환'으로 이루어져 있습니다.

당신이 사람을 위해 사심 없이 소비한 에너지는 사라지지 않습니다. 상대도 합리적인 사람이라면 그 에너지는 반드시 순환합니다.

그러니 두려워하지 말고 많은 사람들에게 '무상 봉사' 하십시오. 당신이 온 힘을 다해 제공한 가치는 반드시 어떤 형태로든 당신에게 돌아옵니다.

유튜브나 SNS를 잘 운영하지 못하는 사람의 태반은 '타산적인 사람'이 많습니다. 즉 GIVE & TAKE 사고인 겁니다.

100을 제공하고 100의 가치를 원하는 사고방식입니다.

이 사고방식을 오늘부터 버리세요.

이렇게 생각하는 한, 매출이 증가하는 흐름에는 올라탈 수 없습니다.

유튜브나 SNS에서 성공하는 사람은 '사심 없이, 받을 수 있는 금액은 상관 없이, 언제나 눈앞에 있는 사람들을 온 힘을 다해 기쁘게 만들기 위해 최선을 다해 일하겠다고' 다짐합니다.

당신도 이렇게 다짐해야, 최선의 상태에서 무상 봉사를 할 수 있습니다.

그런 자세를 취하면 반드시 팬이 생기니 늘 잊지 마세요.

유튜브·틱톡·인스타그램의 콘텐츠 제작 단계에서 무상 봉사를 제공 하던 사람은 예상 고객 리스트를 만들었을 때 이미 신뢰 구축이 완성된 상태기 때문에 판매까지 매우 자연스레 이어집니다.

14

매출 제대로 올리기!
판매 테크닉

지금부터는 판매를 성공시키기 위한 방법을 설명하겠습니다.

그리고 충격적인 사실을 말씀드릴게요.

지금까지의 인지도→팬 만들기→고객을 모으는 일→신뢰 구축을 제대로 실행했다면, 솔직히 판매에는 그다지 힘을 쏟지 않아도 알아서 팔립니다.

지금까지의 전반적인 프로세스가 80~90%의 결과를 만들기 때문에 판매의 기술적인 요소에 대한 내용은 덤입니다.

이 사실을 미리 알아 두고, 판매를 진행할 때에는 아래와 같은 방법을 사용할 수 있습니다. 성공률이 높은 순서대로 나열해 봤습니다.

〈성공률이 높은 방법 순위〉

1위 무료 개별 상담을 통한 성공

2위 인원 제한 세미나를 통한 성공

3위 영상 시청 또는 라이브 방송을 통한 성공

무료 개별 상담을 통한 성공은 가장 쉽게 판매를 성사시키기 좋은 방법입니다. 지금까지 말한 온라인 마케팅 프로세스를 열심히 따라오셨다면, 시청자는 '화면 속에 존재하던 사람이 따로 상담해 준다'라고 생각해 기분이 좋아질 겁니다. 상품이 완전 별로지 않고 금전적으로 불안한 상태가 아니라면 사겠죠.

그다음 순위인 세미나를 통한 성공도 쉽습니다. 혼자서 여러 명을 대응해야 하지만, '구입하면 어떤 미래로 갈 수 있으며, 그 미래로 향하는 가격은 비싸지 않다' 설득할 수 있다면, 상품을 팔 수 있습니다. 다만 개별 상담보다는 한 명 한 명을 관리하기 어려우니, 난이도가 약간 올라갑니다.

가장 난이도가 높은 방법은 영상과 라이브 방송을 통한 판매입니다. 난이도가 올라가는 이유는 시청자와의 거리가 가장 멀기 때문입니다.

한 가지 더 기억해 두실 점은 사실 상품 판매를 위해 가장 중요한 것은 '에너지'라는 점입니다. 다양한 기업이 여러 마케팅 기법을 구사하는 지금, 사람이 구매 의사를 결정할 때는 의외로 분위기와 기세가 영향을 끼칩니다.

충동적으로 쇼핑을 나가 '살 생각이 없었는데 사 버린' 경험을 한 사람이 많을 겁니다. 그건 '갖고 싶어!'라고 생각한 그때의 감정이 그 사람을 움직여서 곧바로 사게 했기 때문입니다.

그런 흐름을 만들기 위해 중요한 요소 중 하나가 '에너지'입니다.

거리감이 가까울수록 에너지를 전달하기 쉬우므로, 자연스레 거리감에 따라 판매 난이도가 정해집니다.

판매 방법을 고를 때에는 그때 시청자가 얼마나 팬이 되어 있는지, 신뢰는 얼마나 쌓여 있는지를 살피는 것이 좋습니다. 팬 만들기와 신뢰 구축이 아직 완전하지 않은 경우에는 개별 상담을 통해 판매하는 방법을 선택합니다. 그쪽이 확실하게 한 것은 매출을 획득할 수 있기 때문입니다.

한편 팬 만들기와 신뢰 구축에 자신이 있을 때는 인원 제한 세미나나 영상 시청·라이브 방송을 통한 판매를 선택하십시오.

이렇게 자기 자신의 상황과 판매 방법을 잘 매치시키면 좀더 효율적으로 매상을 올릴 수 있습니다.

필승 세일즈 토크

지금까지의 설명을 이해하고 판매를 진행해도 실패했다면 고객에게 구매 의욕이 늘게 만드는 세일즈 토크를 살리지 못하고 있을 가능성이 있습니다.

그때 도움이 되는 추천할 만한 세일즈의 기본 구성을 소개하겠습니다. 꼭 실천에 옮겨 주십시오.

〈세일즈의 기본 구성〉

(1) 흥미를 돋워(실적 제시), 들을 마음이 들게 한다

상대가 원하는 미래를 손에 넣을 수 있는 이야기라는 점을 초반에 제시합니다.

(2) 상대의 고민을 대변하고, 그 고민을 내버려 두었을 때 일어날 수 있는 문제점을

말해 준다

고민을 다시 인식하게 만들어, 필요성을 강하게 느끼게 합니다.

(3) 왜 이상적인 미래에 도달하지 못하고 고민하게 되는지, 그 이유를 제시한다

왜 벽에 부딪힌 채로 멈췄는지 이해시킬 수 있다면, 그 벽을 뛰어넘고 싶어질 것입니다.

(4) 벽을 뛰어넘어, 이상적인 미래에 도달할 수 있는 획기적인 방법이라며 상품을 제시한다

벽을 뛰어넘기 위해 지금까지 실천하지 않았던 방법이라면, 시험해 보고 이상적인 미래를 원한다는 감정을 불러일으킵니다.

(5) 성공 사례와 고객의 목소리를 제시한다

지금까지 설명한 로직에 따라, 이상적인 미래를 손에 넣은 사람이 실제로 존재한다고 안심시킵니다.

(6) 타사 서비스와 비교해, 가격 타당성과 가성비가 좋다는 점을 알린다

타사에서는 통상 높은 가격으로 제공하고 있는 것을 저렴한 가격에 받을 수 있다고 납득시키면 이탈하지 않게 됩니다.

(7) 빠르게 구입해야 할 긴급성을 제시한다

사람은 필요성과 긴급성을 느끼면 행동을 개시합니다. 이 기회를 놓치면 손해를 본다고 이해시킬 수 있다면, 그 자리에서 구입하려는 행동으로 발전합니다.

이 일곱 가지 순서대로 설명을 진행하면, 고객은 높은 확률로 지금까지의 신뢰를 발판으로 상품을 구입할 겁니다. 가장 쉬운 세일즈의 기본 구성입니다.

1대 1 면담이든 세미나든 라이브든 영상 판매든 어디에나 활용할 수 있는 세일즈 토크니, 이 부분이 어려웠던 사람은 꼭 참고해 주십시오.

1대 1 면담일 경우에만 (2)의 고민 대변을 '청취'라는 방식으로 상대가 이야기하게 합시다. 그러면 좀더 깊게 고민하고 있다는 필요성을 인식시킬 수 있어, 구입으로 이어지기 쉽습니다.

제6장

비즈니스를 확대해

온라인 마케팅

시대를 이어가라

15

객단가를 최대화하는 상품이 포화된 시대에서 성장하기 위한 전략

당신이 대기업 SNS 마케팅 담당자가 아니라면, 상품 판매를 한 뒤에는 객단가를 최대화하기 위한 전략을 택해야 합니다. 아래 상품 중 하나로 비즈니스를 시작하기를 추천합니다.

〈비즈니스 추천 상품〉

• 고단가 상품 (100만~1,000만 원)

• 중간 가격의 구독 상품 연간 판매 (30만~100만 원)

이 두 가지를 추천하는 이유가 뭘까요? 유튜브나 SNS에서 팬을 만들고 나서 상품을 판매하면 팬들의 깊은 애정이 밑바탕이 되기에 일부러 저렴하게 팔 필요가 없기 때문입니다.

온라인 마케팅이 발전하기 전 마케팅에서는 지금까지 설명한 인지도→팬 만들기→고객을 모으는 일→신뢰 구축→판매 프로세스를 밟을 일이 거의 없습니다.

소비자도 심리적으로 '일단 저렴하게 리스크 없이 시험해 보고 싶기' 때문에 저가 판매나 시험 판매를 해야 하는 케이스가 많았습니다.

하지만 지금까지 설명한 마케팅 프로세스를 올바르게 실천했다면 처음부터 인지도와 신뢰도가 최고치인 상태이므로 일부러 저가로 판매할 이유가 없습니다. 처음부터 자신감을 가지고 최고의 상품과 서비스를 적정가로 판매합니다.

또한 높은 가격으로 판매하면, 상품 내용이나 품질을 높이거나 세심한 케어로 고객 만족도를 높일 예산을 확보할 수 있습니다.

서비스나 상품은 대부분 일정 기간 활용하면 효과가 나타날 겁니다. 그렇다면 '고객이 미래를 바꾸기 위한, 결과를 내기 위한 최선을 제안'해야 합니다.

저는 최선을 제안하기 위해서라도 퀄리티를 최대한 높이고 세심하게 케어할 수 있는 고단가 상품이나, 일정 기간 계속해야 하는 월정액 상품의 연간 판매를 추천합니다.

특히 컨설팅 서비스나 기술 지도 서비스, 교육 서비스, 미용 서비스, 건강 서비스 등은 한 달 만에 눈에 띄는 결과를 내기 어렵습니다. 판매 단계에서 일정 기간 지속적으로 사용해야 결과를 볼 수 있다는 걸 충분히 안내하고, 처음부터 결과를 내기 위해 가장 좋은 제안을 하는 게 정답입니다.

결과를 낸 사람의 비율이 높으면 높을수록 입소문도 퍼져 스테디셀러 상품으로 발전합니다.

더욱이 가격 범위별 상품을 판매하기 위한 노력을 기준으로 비교해 보면 그다지 큰 차이가 없습니다.

지금까지 읽은 사람은 이해할 테지만, 판매까지 도달하기 위해서는 많은 노력을 들이고 차근차근 단계를 밟아가야 합니다. 그래서 처음부터 당당히 적정 단가로 판매하고, 이익을 내는 편을 추천합니다.

그 이익이 있어야 오랫동안 양질의 상품을 제공하는 체제를 정비하고, 그 이익을 통해 상품의 가치를 올리거나 개선할 예산을 확보하고, 판매를 더욱 강화하기 위한 마케팅 예산을 만들고……. 이렇게 사업은 선순환의 흐름을 만들어 갑니다.

중간 단가 구독 서비스를 연간으로 판매해야 하는 이유가 하나 더 있습니다.

요즘 세상에는 구독이나 정기 서비스가 넘쳐흐르는 탓에 유저는 구독 거지가 되고 있습니다. 구독 거지란 사용하지도 않는 서비스를 잇달아 계약하거나, 장기간 해약할 수 없는 서비스를 계약해 버리는 예상하시 않던 구독 서비스에 돈을 쏟아붓는 상태를 뜻합니다. 유저도 그 사실을 자각해, '새롭게 구독을 시작할 때는 기존의 구독을 그만두겠다'라는 마음으로 계약을 고려하는 사람이 적지 않습니다.

즉 같은 서비스 내에서 계속 옮겨 다니는 상태가 되는 겁니다. 당연히 해약률은 높아집니다.

만일 당신이 이 시장에서 비즈니스를 시작했다고 친다면, 늘 고객이 동종 타사로 갈아탈 각오는 해 두셔야 합니다.

돈에 여유가 있다손 치더라도, 일반적인 소비자는 인내심과 끈기가 없어서, 높은 확률로 노력을 계속하지 않고 서비스를 이용하지 않게 됩니다. 결국 서비스를 그만두는 겁니다.

그 결과 유료 구독 서비스 업계에서는 평균 이용 기간이 3개월을 넘으면 대단한 취급을 받는 시대에 돌입했습니다. 평균 이용 기간 1.5개월인 구독도 우르르 나타나고 있습니다.

이래서는 이익이 나지 않을 게 불 보듯 뻔하겠죠.

그래서 2023년 이후 제가 추천하는 방법은 중간 가격 구독 서비스 연간 계약 판매입니다. 1년 치의 비용을 한 번에 받는 거죠. 그러면 판매 단가는 30~100만 원이 됩니다.

구독 계열의 모든 서비스에 통용되는 이야기지만, 온라인 마케팅의 올바른 프로세스를 거쳐 구입을 검토하기에 이른 고객은 '이걸 사서 인생을 좋게 만들어야지!'라는 뜨거운 의욕을 꼭 가지고 있습니다. 그러니 반드시 계속할 것이라 생각하고 사는 것입니다.

하지만 실제로는 상상 이상으로 끈기가 없는 게 문제입니다. 그렇다면 에너지가 높을 때 연간 계약으로 구입하게 하고, 그만둘 수 없는 상황 속에서 결과를 낼 때까지 케어해 주는 쪽이 서로에게 이득이겠죠.

세일즈 토크로는 '당신의 목표는 1~2개월 만에 달성하기 어렵습니다.

그러니 연간 지원 계약을 맺으면, 이 가격이 됩니다'라고 전달하면, 고객이 납득하기 쉬워질 겁니다.

만약 연간 비용이 60만 원이라 하더라도, 고객은 60만 원을 12개월로 나눠 월정액 5만 원 계약을 했다고 인식해 구입 허들도 그만큼 높지 않습니다. 많은 사람이 구입을 결정할 가능성이 높습니다.

조금 기술적인 이야기지만, 현재 저렴한 구독·정기 서비스 비즈니스는 무너지고 있습니다. 그러니 이런 연간 계약 모델이 앞으로 주류가 될 것이라 예상합니다.

하지만 이런 연간 계약 방식을 고수하지 않으면, 유튜브나 SNS를 고생해서 성장시켰어도 상품 만족도가 낮고, 악평을 받는 사태를 만들기 쉽습니다. 반드시 염두에 두십시오.

분할 결제 판매의 중요성

마지막으로 성공률을 높이기 위해 반드시 지켜야 할 규칙이 있습니다. 바로 분할 결제를 도입하는 겁니다.

이번에 소개한 판매 케이스는 결제 단가가 수십만~수백만 원이 되기 쉽습니다. 이 경우에는 분할 결제를 도입합니다.

오늘날 저축액은 매우 적고, 20~40대 중에는 저축을 아예 하지 않는 사람도 거의 절반 가까이 된다는 데이터도 나왔습니다.

즉 수십만 원 이상의 상품은 갖고 싶어도 선뜻 손을 내밀지 못하는 케이스가 많기 때문에 연간 계약이지만 분할 결제가 가능한 구조를 준비해 둬야 합니다.

다양한 결제 수단이 있으니, 각종 결제 회사와 연계해 분할 결제를 도입합니다.

16 트위터를 사용하기 시작하는 타이밍과 성장을 위한 기본

2023년, 트위터 알고리즘

먼저 지금까지 트위터 이야기를 거의 하지 않은 이유는 앞에서 말씀 드렸듯이 제로(0)에서 시작하는 초심자에게 트위터는 난이도가 높은 플랫폼이기 때문입니다.

그렇다고 공략 방법이 아예 없는 건 아닙니다.

트위터에서는 기본적으로 확산이 RT(리트윗)를 통해 일어납니다(58쪽). 2023년 일론 머스크가 트위터를 매수하면서, 트위터는 새로운 플랫폼으로 다시 태어났기 때문에 그 부분을 포함해 포인트를 설명하겠습니다.

트위터는 문자를 주체로 한 게시물인 '트윗'이 특징인 플랫폼이지만, 이미지나 영상을 업로드할 수도 있습니다.

또한 예전에는 한 트윗 당 문자 수가 140자라는 제한이 있었지만, 일론 머스크가 매수한 뒤에는 2,000자까지 장문 트윗도 할 수 있게 되었습니다.

게다가 트위터 블루(Twitter Blue)라는 트위터의 과금 기능을 구독하면, 더 긴 문장도 게시할 수 있습니다.

확산하기까지의 흐름도 바뀌었습니다.

2022년까지는 '이 트윗을 자신의 팔로워에게도 보여주고 싶은' 때에 유저가 RT 버튼을 누르면 확산이 발생하는 게 기본 흐름이었습니다.

하지만 일론 머스크는 트위터를 매수하고 나서 더욱 활발하게 만들기 위해, 유튜브나 틱톡을 모델 삼아 우수한 트윗을 많은 사람에게 알고리즘으로 확산하기 위한 플랫폼 사양을 크게 변경해 왔습니다.

이미 그 흐름은 시작되었고, 최근에는 작성한 트윗이 자신을 팔로우하지 않은 유저에게도 전해지기 시작했습니다. 이 부분은 책을 집필하고 있는 바로 이 순간에도 시시각각 진행되고 있는 큰 변화입니다.

그렇다면 트위터도 알고리즘의 힘으로 '떡상'할 수 있다고 희망을 가져도 될까요? 아쉽게도 2023년 6월 지금 단계에서는 유튜브나 틱톡처럼 알고리즘의 힘으로 폭발적으로 성장할 수 있는 수준까지는 아닙니다. 아직은 옛날보다 성장하기 쉬워진 정도입니다.

새로 온라인 마케팅에 진입할 때는 유튜브나 틱톡이 훨씬 빠르게 성장할 수 있습니다.

알고리즘의 특징을 담은 트위터의 기본적인 성장 방법을 정리해 보겠습니다.

먼저 트위터는 유튜브, 틱톡, 인스타그램처럼 양질의 트윗을 찾아내고 확산시키기 위해 트윗에 대한 점수 평가를 진행합니다.

〈트위터의 트윗에 대한 기본 점수 평가〉

트윗의 기본 평가 점수 :

트윗을 본 사람의 체류 시간으로 점수 평가

트윗에 대한 추가 평가 점수

(1) 좋아요(아주 조금 가점) … 트윗에 좋아요

(2) 리트윗(좀더 가점) … 트윗을 시청자가 확산

(3) 리플라이(크게 가점) … 트윗에 댓글

(4) 리플라이에 트윗 작성자가 다시 리플라이(매우 크게 가점)

    … 트윗에 달린 댓글에, 작성자가 대댓글

(5) 트윗에 이미지·영상을 넣으면 점수 2배

    … 트윗에 이미지와 영상 삽입

추가 보너스

트위터 블루에 과금하면 타임라인에 표시될 확률이 일반 신규 회원에게는 2배, 팔로워에게는 4배

트윗에 대한 점수 감소

트윗한 뒤 6시간이 경과하면 트윗 스코어는 감소

X(구 트위터)사(社)는 새로운 알고리즘인 앞의 방식으로 트윗 점수를 평가하고, 평가가 높은 트윗을 확산하겠다고 발표했습니다.

여기서 놀랄만한 점은 '좋아요'나 'RT'에 대한 평가보다 '리플라이'라 불리는 트윗에 대한 댓글과 댓글에 대한 대댓글에 대한 평가 점수가 압도적으로 높다는 겁니다.
즉 이 점이야말로 트위터가 지금 바라는 점인 겁니다.

제2장에서도 말씀드렸지만, 알고리즘이란 운영자의 바람을 이루어주기 위해 존재합니다.
리플라이와 리플라이에 대한 추가 리플라이를 원한다는 것은 트위터를 교류의 장으로 활성화시키고 싶다는 바람이 담긴 겁니다.

즉 유튜브·유튜브 쇼츠·틱톡은 '영상 콘텐츠를 즐기는 것', 인스타그램은 '이미지와 영상을 중심으로 즐기는 것'을 바라는 데 반해, 트위터는 '교류를 즐기기 위해 텍스트·이미지·영상을 올리는 것'을 바라고 있습니다.

트위터에서 성장하기 쉬운 트윗을 만들어라

그렇다면 리플라이(댓글)를 달고 싶어지는 콘텐츠가 당연히 쉽게 확산되겠죠.
지금부터 보여 드릴, 트위터를 성장시키기 위한 기본 방법은 다음과 같습니다.

비즈니스를 확대해 온라인 마케팅 시대를 미려가라

> 〈트위터를 성장시키기 위한 기본 트윗〉
>
> - 트윗에 머무는 시간을 길게 만드는 요인이 들어간 게시물
>
> - 리플라이(댓글)가 발생하기 쉬운 게시물
>
> - 이미지·영상을 넣은 게시물
>
> - 자신의 팔로워가 시청하기 쉬운 6시간을 노린 게시물

트윗에 머무는 시간을 길게 만드는 요인

포인트① : 장문 및 마지막까지 읽고 싶어지는 제목

트윗에 머무는 시간을 늘리기 위한 가장 간단한 방법은 장문 트윗을 작성하는 겁니다. 읽는 시간만큼 머무는 시간도 길어지니까요.

다만 장문 트윗은 문장력을 요구하기 때문에 문장력에 자신이 없는 사람은 포인트②, ③을 참고해 주십시오.

포인트② : 짧은 영상을 넣어라

시청자가 흥미를 느낄 법한 영상을 넣어, 그 영상의 시청 시간만큼 트윗 체류 시간을 늘릴 수 있습니다. 트위터에서의 영상 만들기 비결은 유튜브 쇼츠에서 설명한 쇼츠 영상 만드는 법(111쪽)과 같습니다.

포인트③ : 문자를 넣은 이미지가 들어간 게시물

영상을 만드는 게 서툴다면, 문자를 넣은 이미지 게시물로도 체류 시간을 늘릴 수 있습니다. 문자를 넣은 이미지를 4장 만들어 트윗하는 방식을 추천합니다. 트위터에서는 한 트윗 당 4장까지 이미지를 올릴 수 있습

니다.

예를 들면 그림 해설 이미지를 만들어 그 이미지를 트윗합니다. 그러면 해설을 읽기 위해 이미지를 보는 시간만큼 체류 시간이 늘어납니다.

리플라이(댓글)가 발생하기 쉬운 게시물

2023년 이후에는 리플라이의 중요도가 올라갔기 때문에 많은 사람이 트윗의 마지막에 리플라이를 요청하기 시작했습니다.

기본적으로는 '트윗 마지막에 이 게시물이 참고가 된 사람은 리플라이를 해주면, 이 트윗에서 소개한 OO 상세를 선물하겠습니다!'라는 내용입니다. 이런 요청을 넣으면, 리플라이는 늘어나기 쉬워집니다.

또한 트윗 작성자가 리플라이에 다시 리플라이를 달면, 트윗 점수가 더욱 올라가기 때문에 확산되기 쉬워집니다.

이미지·영상을 넣은 게시물

트위터는 이미지나 영상이 들어간 트윗은 점수가 2배가 된다고 공식적으로 발표했습니다.

점수를 톡톡히 벌 수 있으니, 트윗에 유튜브 섬네일처럼 적극적으로 이미지를 넣기를 추천합니다.

자신의 팔로워가 시청하기 쉬운 6시간을 노린 게시물

모든 SNS 플랫폼에 공통되는 이야기지만, 진성 유저가 가장 많은 골든타

임은 밤 18시~24시입니다. 텔레비전의 골든타임과 같은 시간대입니다. 그 외에도 아침, 점심 등 틈새 시간에도 일정 수의 유저가 존재합니다.

힘을 쏟아 만든 트윗을 올릴 때는 저녁 6시 전후로 게시하는 것이 기본입니다. 그때부터 6시간이 가장 트윗 점수가 높기 때문에 성장하기 쉬워집니다.

트위터를 단숨에 속도를 올려 성장시켜라

트위터를 단숨에 속도를 올려 성장시키는 세 가지 방법을 소개하겠습니다.

> 〈트위터를 단숨에 속도를 올려 성장시키는 세 가지 방법〉
>
> • 유튜브·틱톡 등 '떡상'하기 쉬운 플랫폼에서 자신의 트위터 계정으로 시청자를 유도한다
>
> • 트위터 내에서 선물 이벤트를 진행한다
>
> • 권위와 팬을 가진 인플루언서 계정이 자신의 계정을 소개하게 한다

'떡상'하기 쉬운 플랫폼에서 자신의 트위터 계정으로 시청자를 유도한다

트위터에 관한 설명을 이 책 후반에 배치한 의도이기도 한데, '떡상'하기 쉬운 유튜브·틱톡 등 플랫폼에서 힘을 얻고 난 뒤 사람들을 트위터로 유도하는 것이 매우 간단하고 효과적입니다. '트위터로는 이런 콘텐츠를 올리고 있으니 보세요!'라고 유도하기만 해도 쉽게 성장할 수 있습니다.

트위터 내에서 사람들이 좋아할 만한 선물을 준비해 '선물을 받으려면 좋아요, 리트윗, 리플라이 부탁드려요!'라고 유도하는 방법입니다.

선물을 받고 싶은 사람이 좋아요와 리트윗, 리플라이를 발생시키기 때문에 당연히 트윗의 점수가 올라갑니다.

다만 이 방법은 계정이 정지될 위험이 있습니다.

2023년이 되고 나서, 트위터는 선물 이벤트를 남용하는 계정에게 계정 정지 조치를 한 케이스가 매우 늘어났어요. 위험을 회피하는 방법도 공개되지 않았고요.

그러니 이 방법은 매우 강력한 한편, 위험도 있다는 점을 기억하기 바랍니다.

권위와 팬을 가진 인플루언서 계정이 자신의 계정을 소개하게 한다

권위와 팬을 가진 인플루언서 계정이 자신을 소개하게 하는 방법은 트위터에서 예전부터 존재하고 가장 쉽게 성장하는 방법 중 하나입니다.

지인 중에 인플루언서가 없다면, 자신의 분야와 관련성이 높은 인플루언서 계정을 찾아내 그 사람에게 돈을 지불하고 소개를 의뢰하는 방법도 있습니다.

하지만 소개한 쪽에게도 소개 책임이 있기 때문에 자신의 콘텐츠 분야와 관련성이 적거나 신용할 만한 실적이 없는 계정이라 판단된다면 거절하는 경우가 많습니다.

이 세 가지 중에서 가장 리스크가 적고 돈을 들이지 않고 빠르게 성장 시킬 수 있는 방법은 '떡상'을 만들기 쉬운 다른 플랫폼에서 자신의 트위터 계정으로 시청자를 유도하는 방법입니다.

즉 유튜브나 틱톡에서 인지도를 쌓았다면, 다른 플랫폼을 공략하는 것도 비교적 간단합니다.

이 점을 이해하지 않고 갑자기 '트위터부터 열심히 해 보는' 방법은 개인적으로 그다지 추천하지 않습니다.

특히 트위터는 짧은 텍스트 트윗만으로 가볍게 시작할 수 있다고 생각하는 사람이 많지만, 실제로는 장문·이미지·영상을 구사해야 하는 이른바 총력전입니다. 만만하게 보고 진입하면 쓴맛을 보니, 단단히 각오한 후 시작해야 합니다.

17 유튜브·유튜브 쇼츠· 틱톡·인스타그램·트위터를 동시에 공략하는 비법

모든 플랫폼을 동시에 공략하는 데 가장 효과적인 수단은 숏폼을 재빨리 공략하고 나서 유튜브를 포함한 전체 플랫폼에 같은 게시물을 올리는 것입니다.

최근에는 트위터도 숏폼을 강화하고 있기 때문에 진짜로 모든 플랫폼을 동시에 공략할 수 있다고 해도 과언이 아닙니다.

하지만 지금까지의 이야기를 포함해 '유튜브 쇼츠와 유튜브는 다른 알고리즘 방식을 지닌 플랫폼이니, 다르게 접근해야 하지 않나? 왜 모두 공략하라고 하지?'라고 의문을 품는 사람도 있을 겁니다. 말한 대로입니다. 엄밀하게는 모두 다른 플랫폼이니, 공략 방식도 다릅니다.

하지만 '사회적 인지도'라는 관점으로만 보면, 사실 유튜브 쇼츠만으로도 공략할 수 있기는 합니다.

유튜브 쇼츠로 채널을 성장시키면, 유튜브도 채널 구독자 수가 늘어납니다. 이 숫자는 일반 시청자가 보기엔 동일한 '채널 구독자 수'라는 숫자기 때문입니다.

즉 가성비 좋게 제작할 수 있는 숏폼으로 성장한 채널이든, 노력을 들인 긴 영상으로 성장한 채널이든, 사회가 내리는 채널 구독자 수라는 평가는 같은 가치를 지닌다는 겁니다. 유튜브 쇼츠로 채널 구독자 수 10만 명을 달성하면, 사회에서는 '유튜브 채널 구독자 수가 10만 명'인 사람으로 평가하는 겁니다.

언뜻 보면 속 빈 강정 같겠지만, 여기에는 큰 의미가 있습니다.
오늘날 채널 구독자 수 10만 명은 브랜드이자 사회적 지위입니다. 이 실적을 가지고 있기만 해도 비즈니스를 운영하기가 매우 쉬워집니다. 미디어의 출연 의뢰가 늘어나거나 출판 의뢰가 오기도 하고, 협업 의뢰가 늘어나기도 하니까요.

물론 구독자의 면면을 살펴보면 긴 영상을 만들어 구독을 얻어 낸 채널 쪽이 압도적으로 팬을 만들기 쉽고, 긴 영상은 유튜브 광고 수익도 발생하기 때문에 단순한 계정 월 수익도 다릅니다. 하지만 보통 사람은 그 채널을 볼 때, 그런 세세한 것까지는 신경 쓰지 않습니다. 숫자가 크면 클수록, 그 권위가 마술을 부려 구독자 수가 늘어나기 쉬워지죠.

팔로워 100명인 사람과 팔로워 1만 명인 사람, 어느 쪽이 신규 시청자가 팔로우하기 쉬울까요? 당연히 1만 명인 사람이겠죠.
숏폼으로 인지도를 얻었다면, '이 사람을 알고 있다'라는 현상이 일어나기 때문에 다른 온라인 플랫폼을 공략할 때도 매우 유리하게 작용합니다. 모르는 사람의 콘텐츠를 보는 것과 아는 사람의 콘텐츠를 보는 것은 심리적 허들이 완전히 다르니까요.

숏폼을 중심으로 한 온라인 마케팅 전략은 2023년에도 꽤 주류인 전략이므로 지금부터는 도망치지 말고 검토하거나 시작하세요. 효율적으로 온라인 플랫폼을 빠르게 공략하면, 빠르게 비즈니스를 성장시킬 수 있답니다.

18

10만 팔로워를 달성하고 나면 다양한 미디어 노출을 늘려라

슬픈 이야기지만 유튜브나 SNS를 사용해 팬을 늘린다고 해도, 팬들은 반드시 언젠가 질려 버립니다. 절대로 도망칠 수 없는 섭리입니다.

물론 일부 최상위 인플루언서는 늘 최전선에서 활약하고 있지만, 이런 사례는 매우 드물어요.

당신의 계정이 지닌 영향력은 반드시 쇠퇴합니다. 이를 개선하고 쇠퇴를 막기 위해서는 획득한 인지도를 사용해 다양한 미디어에 노출해야 합니다. 출판, 텔레비전, 라디오, 잡지 또는 새롭게 힘을 얻은 계정과의 협업 등 다양한 방법이 있습니다.

이를 통해 자신의 계정 노출이 줄더라도 다른 미디어를 통해 노출이 일정량 담보되는 상태로 만들 수 있습니다. 게다가 지금까지 자신이 접근할 수 없던 새로운 팬을 확보할 가능성도 늘어납니다.

다양한 미디어에 나오면, 자연스레 자신의 브랜드도 높아집니다. '다양한 미디어, 다양한 실력자가 소개하니 분명 좋을 것이다'라는 의식이 일반 소비자들에게 심어지기 때문입니다.

이것은 비즈니스의 보편적인 흐름입니다. 반드시 기억하기 바랍니다.

19 자신의 영향력에 의존하지 않는 비즈니스를 만들어라

마지막으로 중요한 충고입니다.

'자신의 영향력에 의존하지 않는 비즈니스'를 만드세요!

앞의 이야기와도 연결되지만, 아무리 '떡상'하고 인지도가 올라간다고 하더라도, 당신의 영향력은 언젠가 줄어듭니다.

영향력이 줄어서 비즈니스 매출도 함께 줄어 버리면 생활을 영위하기 어려워집니다. 그러니 자신의 영향력이 줄더라도 매출이 줄지 않는 비즈니스를 구축해야 합니다. 이것은 지금 활약하는 인플루언서를 포함해 모두가 이고 있는 과제입니다.

온라인에서 영향력을 가진 사람이 새로운 비즈니스를 시작할 때 일반 사람보다 유리한 점이 세 가지 있습니다.

<온라인에서 영향력이 있는 사람의 강점>
- 새로운 비즈니스에서 적자를 보는 기간이 짧다
- 새로운 비즈니스를 위해 채용하기 쉽다
- 새로운 비즈니스를 위해 투자자를 모으기 쉽다

온라인에서 팬을 모을 수 있는 사람은 다른 창업자보다 초기 투자 자금을 쉽게 모을 수 있습니다.

즉 온라인에서 영향력을 가질 수 있는 사람은 '원래는 적자나 초기 투자 비용이 발생하지만, 사업이 궤도에 오르면 누가 주인이든 일정한 매출을 기대할 수 있는' 비즈니스를 구축할 수 있습니다.

아래에서 구체적인 예를 보여드리면서, 자신의 영향력에 의존하지 않는 비즈니스의 네 가지 패턴을 소개하겠습니다.

패턴1 : 일정한 집객을 기대할 수 있는 입지에서
수요 변동이 적은 점포 비즈니스를 운영한다

음식점을 예로 들어보겠습니다. 새로운 비즈니스로 음식점을 만들 때 초기 투자 비용이 1억 5천만 원 든다고 칩시다. 보통 이 비용은 은행에서 빌리거나 정기적금을 해약해서 마련합니다. 초기 투자비 회수는 비즈니스를 시작할 때 힘든 요소 중 하나입니다.

하지만 온라인에서 팬을 얻은 사람은 팬에게 서포트를 받거나 처음에 축하하러 방문해 주는 팬이 많기 때문에 초기 비용을 벌 수 있습니다. 초기 투자만 회수하면, 비즈니스에 큰 실패는 없습니다. 그 뒤에는 그대로 성실하게 경영하고, 점포가 잘 굴러간다면 수익이 계속해서 발생합니다.

또한 채용도 고생하지 않습니다. 자신의 미디어에 공지하면, 영향력이 떨어져 있어도 일부 진성 팬 중에서 '당신의 가까이에서 일하고 싶어요!'라며 지원해 주는 사람이 있을 겁니다.

예를 들어 헤드헌팅 회사를 운영하는 신뢰할 수 있는 경영자가 있을 경우, 그 헤드헌팅 회사의 주식을 일부 받으면서 참여하는 방법입니다.

헤드헌팅 회사에서 가장 힘들어하는 점은 일하려는 사람을 모으는 겁니다. 사람을 모으는 데 막대한 광고비를 지불합니다.

하지만 그 문제만 해결하면, 일해 줄 사람이 있는 한 안정적으로 수익을 올릴 수 있습니다.

온라인에서 인지도를 획득한 사람들은 대부분 광고비를 크게 지출하지 않아도 됩니다. 특별히 광고하지 않아도, 그 사람의 가까이에서 일하고 싶어 하는 경우가 많거든요.

헤드헌팅 자격이 있는 신뢰할 수 있는 비즈니스 파트너에게 주식을 받는 대가로 인재를 모으면 수익이 발생합니다. 한 번 수익이 나기 시작하면 그 수익으로 다시 광고를 돌려 인재를 확보할 수 있기 때문에 일정하고 안정적인 매출을 확보할 수 있습니다.

이렇게 '사람만 모이면 돈을 버는' 온라인 비즈니스는 꽤 많습니다. 그런 비즈니스의 중심부에 들어가거나, 스스로 창업하는 방법을 매우 추천합니다.

오늘날 온라인에서 인지도를 올린 사람이 독자적인 상품을 개발해 온

제 6 장

비즈니스를 확대해 온라인 마케팅 시대를 이겨가라

199

라인 쇼핑몰에서 판매하는 P2C(Person to Consumer) 비즈니스 모델이 유행하고 있습니다.

자신의 팔로워에게 광고비 없이 상품을 판매할 수 있기 때문에 매우 효과적인 수단으로 보이지만, 사실 이 비즈니스 모델은 치명적인 결함을 가지고 있습니다.

바로 자신의 팬에게만 팔 수 있다는 겁니다. 판매할 수 있는 최대 매출은 곧 자신의 팔로워 수와 영향력에 비례하기 때문에 한계가 있습니다.

그래서 나온 해결책이 아마존을 이용한 판매 방법입니다.

아마존을 활용하면 자신의 팔로워가 아닌 유저도 상품을 구입하는 상황을 만들어낼 수 있습니다.

중요한 포인트는 자신의 팬에게 팔기 위한 상품을 설계하는 게 아니라 아마존에서 통용되는 상품을 설계하는 겁니다.

예를 들어, 세차에 관한 유튜브 채널을 운영하면서 세차를 위한 카 샴푸를 판매한다고 칩시다. 이때 팬에게 비싸게 팔 것을 생각하지 말고, 아마존에서 자신을 모르는 사람도 사줄 만한 가격과 구성으로 설계해야 합니다.

판매 경로는 처음부터 아마존으로 한정합니다. 그 이유는 팬이 구입한 실적이 중요하기 때문입니다.

아마존에서는 팔고 있는 상품을 아마존 내에서 노출이 될수록 우대하기 때문에 아마존에서 '카 샴푸'를 검색하는 사람에게 점점 상위로 표시됩니다.

이렇게 자신을 전혀 모르는 사람에게도 자신의 상품이 팔리는 흐름을 만들고 비즈니스를 확대해 나갈 수 있습니다. 이것은 팔로워에게 의존하지 않는 새로운 대표적인 판매 방법입니다.

이 사례는 실재하는 사례로 2022년 '나가라 세차(https://www.youtube.com/@nagaracarwash)'라는 유튜브 채널이 실제로 이렇게 판매하여 10억 단위의 매출을 아마존에서 달성해 화제가 되었습니다.

패턴4 : 올린 인지노를 이용해 광고하고 상품을 판매한다

사실 유튜브나 SNS를 사용해 인지도가 오르면, 광고에서 반응이 올 확률이 매우 높아집니다. 이는 '아는 사람이 광고에 나오면 보게 되는' 현상이 일어나기 때문입니다.

대기업이 연예인을 광고 모델로 기용하는 건, 아는 사람을 이용하면 광고를 보는 시청자가 눈에 띄게 늘어나기 때문입니다. 그래서 유튜브나 SNS를 활용해 인지도를 올렸다면, 그 인지도를 이용해 광고를 병용하는 것이 매우 현명한 선택입니다.

다만 광고를 집행할 때는 광고에 대한 비용 대비 효과를 반드시 계산하면서 집행해야 합니다. 좋은 반응을 얻기 쉽다 해도, 만만한 세계는 아니니까요.

하지만 무명인 사람이나 무명 기업이 광고를 진행하는 것보다 아주 크게 우위를 점하는 건 분명하고, 좋은 광고 대행사와 함께한다면 높은 이익률로 상품을 판매할 수도 있습니다. 광고도 할 수 있게 된다면, 자신의 유튜브나 SNS의 전성기가 지나더라도 비즈니스 매출은 떨어지지 않을 것입니다.

인지도란 개인이든 법인이든 엄청난 자산입니다. 인지도를 활용한 광고는 중요하게 검토할 가치가 있습니다.

20 온라인 마케팅의 전체 개념을 이해하고 전략적으로 승부하자!

　지금까지 읽는 사람에게 가장 전하고 싶은 말은 머릿속에 전체적인 온라인 마케팅 전략을 넣고 나서 시작하라는 겁니다.

　현재 온라인 마케팅 방법은 다양하게 퍼지고 있습니다. 동시에 각 방법에 공략 정보도 여기저기에 전해지고 있습니다. 하지만 온라인 마케팅 전략의 본질은 변하지 않습니다. 콘셉트 설계부터 시작해 인지도→팬 만들기→고객을 모으는 일→신뢰 구축→판매로 흘러가는 것입니다.

　중요한 점은 '자신이 무엇을 위해 이떤 방법을 택하려 하는지, 그 방법은 정말로 자신의 목적을 달성하는데, 효과적인지'를 전체적인 전략에 맞춰 올바르게 취사 선택할 수 있는지입니다.

　이게 빠진 상태에서 유튜브가 핫해! 유튜브 쇼츠가 핫해! 틱톡이 핫해! 인스타그램이 핫해! 트위터가 핫해!라며, 각 분야의 노하우를 따라 하는 것은 의미가 없습니다.

　이 책을 통해 전체적인 온라인 마케팅을 이해하고, 기준을 정해 주십시오. 결과를 내기 위해, 좀더 상세한 노하우가 기재된 정보를 찾아가면서 온라인 마케팅을 향해 착실히 앞으로 나아가시길 바랍니다.

먼저 이 책을 집필하면서 실적으로 소개하도록 협조해 주신 가츠 도모미 대표님, 미키 나오코 선생님, 카노 미카코 대표님, 기타가와 유스케 대표님과 사례로 소개하도록 도와주신 쇼텐테 님께 감사의 말씀을 드립니다.

저는 다양한 경영자의 온라인 마케팅을 위해 후방에서 일했습니다. 자신이 성공한 비밀을 다른 사람에게 설명하는 것은 마술의 비법을 공개하는 것과 비슷하기 때문에 기분이 좋지만은 않을 것입니다. 대개 사람들은 자기의 성공 비결을 비밀에 부치고 싶어 하니까요. 그럼에도 도와주신 여러분께 마음 깊이 감사드립니다.

코로나가 오고 나서 약 3년이 지나니, 기업 사이에는 온라인에 힘을 쏟는 게 당연한 풍조가 퍼졌습니다. 한편 그 기업을 둘러싼 온라인 마케팅 지원 환경은 솔직히 좋지만은 않습니다.

온라인 사이트밖에 만들지 못하는 회사, 온라인 광고밖에 못하는 회사, SNS밖에 못하는 회사, 유튜브밖에 못하는 회사 등 다양한 회사가 있습니다. '무엇이든 분야의 전문가에게 맡기는 게 좋다'라고 말하면 어쩔 수 없겠지만, 온라인 마케팅을 진지하게 해 보고 싶은 기업에게는 가성비 좋게 효과가 난다면 수단이 뭐든 상관없겠죠.

그렇기 때문에 원래는 모든 방법을 이해하고 그 기업에 맞는 최선의 방안을 제안할 수 있는 컨설턴트가 필요합니다. 하지만 그런 컨설턴트는 존재하지 않습니다.

왜냐면 컨설턴트가 그 모든 경험을 해야 조언할 수 있는데, 그건 불가능하기 때문입니다. 하지만 그럼에도 돈을 벌고 싶은 젊은 온라인 마케팅 회사는 무작정 영업하고, 강점을 가진 영역의 SNS 운용 대행이나 유튜브 운용 대행을 제안합니다.

이런 상황 속에서 제가 이 책에서 하고 싶었던 말은 모든 선택지의 비밀을 먼저 알아 두라는 겁니다. 전체적인 온라인 마케팅을 파악해 두지 않으면, 어떤 전략도 세울 수 없고 제안된 전략을 평가할 수도 없습니다.

이 책을 읽고 나서 서점에 산뜻 진열된 유튜브나 틱톡이니 인스타그램에 관한 책을 읽는다면, 좀더 선명하게 많은 지식을 얻을 수 있을 것입니다.

이 책이 여러분의 온라인 마케팅을 시작하는 데 기초가 되었으면 좋겠습니다.

저 또한 온라인 마케팅을 계속해서 연구하고 있어서, 이 책에는 가장 대표적인 내용만 담았습니다. 좀더 좋은 방법을 계속 연구하고, 동시에 효과를 내 보겠습니다.

또다시 다른 책으로 만나 뵙기를 바랍니다.

옮긴이 ┃ 박현지

한국외국어대학교에서 일본지역학과 경영학을 전공했으며, 현재 번역 에이전시 엔터스코리아에서 일본어 전문 번역가로 활동 중이다. 역서로는《10시간 만에 배우는 세계사 : 핵심만 쏙쏙 뽑아 마스터하는 세계의 역사》《처음 읽는 서양미술사》가 있다.

아름답게 '떡상'하는 기술

누구도 알려주지 않았던 진정한 SNS 마케팅 교과서

1판 1쇄 발행 2024년 5월 17일

지은이 아오키 소우시
옮긴이 박현지
발행인 최봉규

발행처 지상사(청홍)
등록번호 제2017-000075호
등록일자 2002. 8. 23.
주소 서울특별시 용산구 효창원로64길 6 일진빌딩 2층
우편번호 04317
전화번호 02)3453-6111 **팩시밀리** 02)3452-1440
홈페이지 www.jisangsa.com
이메일 c0583@naver.com

한국어판 출판권 ⓒ 지상사(청홍), 2024
ISBN 978-89-6502-011-0 03320